Zhuangzi
de
Zhihui

庄子的智慧

李大华 /著
六块钱 /绘

图书在版编目(CIP)数据

庄子的智慧/李大华著;六块钱绘. —北京:北京大学出版社,2019.3
ISBN 978-7-301-28646-3

Ⅰ.①庄… Ⅱ.①李…②六… Ⅲ.①庄周(约前369—前286)—哲学思想—思想评论 Ⅳ.①B223.55

中国版本图书馆CIP数据核字(2017)第199788号

书　　　名	庄子的智慧 ZHUANGZI DE ZHIHUI
著作责任者	李大华　著　六块钱　绘
责任编辑	魏冬峰
标准书号	ISBN 978-7-301-28646-3
出版发行	北京大学出版社
地　　　址	北京市海淀区成府路205号　100871
网　　　址	http://www.pup.cn
电子信箱	zpup@pup.cn
新浪微博	@北京大学出版社
电　　　话	邮购部 010-62752015　发行部 010-62750672 编辑部 010-62750673
印　刷　者	河北博文科技印务有限公司
经　销　者	新华书店
	890毫米×1240毫米　A5　10.875印张　208千字 2019年3月第1版　2025年6月第5次印刷
定　　　价	48.00元

未经许可,不得以任何方式复制或抄袭本书之部分或全部内容。
版权所有,侵权必究
举报电话: 010-62752024　电子信箱: fd@pup.pku.edu.cn
图书如有印装质量问题,请与出版部联系,电话: 010-62756370

序　言

潘志贤

••••

　　道家文化源远流长。作为一个学派，我们通常说道家起源于春秋时期的老子，光大于战国时期的庄子。如今有诸多学者甚至认为，道家的起源可以往前推到华夏祖先轩辕黄帝时期，因为在道家的人物传记中都说黄帝得道而不死。无论采取哪一种观点，道家作为一种学派，其历史都已经够悠久的了。在诸子百家时期，道家不称自己的学派为"显学"，但黄老并称，俨然是一大学派了。在历史长河的淘汰中，先秦的"百家"学派，大多湮灭了，剩下来的只有儒家和道家，加上外来的佛家文化，构成了儒、释、道三足鼎立的状态，至今仍是我们不可或缺的社会生活内容。

能够在历史的大浪淘沙中存留下来,并延续到今天,这本身就足够说明其魅力了。那么,道家文化的魅力在哪里呢？在于其完整而通透的宇宙自然观、社会历史观、政治哲学观、真理观、宗教观、人生观、生命观等等。从个体方面来说,它能够从多个方面给人以滋养与快乐;从社会方面来说,它能够给社会以相对正确的方向感。由于道家思想的社会价值,从而产生了社会实践的力量。其中伟大而成功的社会实践有两次,一次是汉代初期的"无为而治""与民生息",形成了"文景之治";另一次是唐朝初期的儒道互补,在社会下层采取"有为",社会顶层采取"无为",形成了"贞观之治"。汉初践行"无为而治",虽然有战后国力衰弱、民力凋敝而不得已的情势所迫,但与汉初辅佐君王的那些谋士、高参的道家情怀也是分不开的,诸如张良、萧何、曹参、陈平等皆好黄老之术,崇尚"治道贵清静而民自定"。唐朝推行的是开放兼容的文化政策,对内三教并行,对外广泛吸纳异域文化;而在治理方略上,实行的是法、儒、道的兼综,制定了中国历史上最好的一部法律《唐律》,在社会治理上落实儒家的社会人伦,在君臣关系上厉行道家的无为而治,从而治理出了一个辉煌的中央帝国。道家历史上的两次社会政治实践,都与中国盛世"文景之治""贞观之治"相联系,这让道家文化的追随者引以为傲,也对道家的生命力充满了信心。

虽然从汉武帝开始,中国社会进入一个漫长的思想文化的专制时代,但并没有改变中国文化多元的事实,道家文化虽处于"在野"状态,却担当了补偏救弊的社会批判者角色,由此使得中国文化始终保持了一种自我反省的能力。而从道家当中酝酿而成的本土宗教——道教,则又担当了道家文化承载者的角色,由于宗教团体的作用,使得道家的文化典籍、道家文化精神,皆以一种活的源流的方式存在下来,继续滋养着中国人。道家与道教在称呼上原本无区别,只是在现代才有学派与宗派的诉求。从实际关系上看,这中间既有差别,又无差别。一方面,学派与宗教诉求不同,学派更倾向于思想与精神超越,没有确定的宗教生活与团体,而宗教更倾向于社会实践,拥有自己的宗教生活与宗教团体,这是两者的区别;另一方面,学派和宗教都追求超越,都有共同的社会政治理想,又都宗奉《道德经》,这是两者的无区别。总之,人们只是在需要特意区别的时候才认为两者有区别,在无须区别的时候两者就是同一种文化现象。

然而,叙述历史不是目的,而是要接着历史往下叙述,也就是说道家和道教有什么现代或未来的价值。无论是"在朝",还是"在野",存在就表明有价值,这是过去的情形;到了现代,儒家也不"在朝",道家也无所谓"在野",倒是儒家与道家都有了自己的新形态,这就是人们所称的"新儒家"和"新道家"。所谓"新",也不应当是新衣,而是创造性的转化,一种具有传统文化根柢的新文化现象。简要地说,传统的东西具有新的价值,这正是我们要弘扬传统文化的意义所在。我们认为,道家思想在现当代是一种人类文明中不可或缺、也不可替代的人文财富,因为道家的许多价值是因应人类共同面对的问题而提出的,又有一些价值是在中国土壤中产生、却是独有的。比如说,敬畏天地自然。与其他所有学派与教派不同,道家对天地自然最是敬畏，人虽为万物之长，但人只是天地自然的一部分，与天地自然相比是渺小的，故此，人应当"知天之所为者，知人之所为者"，不能够以人为代替天地自然作为，道家的这个理念如能落实在处理人与自然的关系，将会使我们的生存环境更平衡、更和谐、更友善。又如，道家主张的自由、宽容与公平的价值，这既是老子、庄子时代的人们所要追求的，也是当今的中国人所要追求的，是民主、法治社会所赖以存在的价值基础。还有，老子主张的"长生久视"的生命理性，衍生出了一个中国本土的宗教——道教，这个宗教把老子的生命理念变成了一种生命理性的实践，这种实践从过去到现在都始终在改变着人们对生命的理解，提升了生命的意志和生活的意义，增强了生命的质量。相信随着社会的进步与科技的昌明，人们能够从道家和道教中有更多的发现，也能够开发出有益身心健康的物质和精神产品。这些都是道家和道教对人类社会独有的人文贡献。

我们希望能够出版一套道家、道教文化现代解释的著作，能够古今相通、中西合璧，且深入而浅出，既合于专业人士阅读，也适合大众阅读，使读者能够在轻松惬意中领悟到隽永的意义，在流畅的文字中得到准确的知识，将道家和道教文化价值弘扬开去。先期推出的主要有老子的智慧、庄子的智慧、道教通史、道教故事、道教人物，以及道教生命伦理等。但这样的设想对作者的确是一个很高的要求了。幸好，我们找到了这方面的资深专家来做这件事。与其说我们邀请到了他们，不如说这是他们对我们善良愿望的眷顾，我们且看他们如何说罢。

庄子这个人

• • • •

　　庄子这个人，他的生活时代离我们很久远，而他却离我们很近，我们寻常想问题，做事情，不知不觉就落入了他的思想世界。他的思想穿越了历史时空的局限，我们似乎走不出他设定的那个"局"，在思想之路上他甚至比我们现代的人走得还要远；他调谐风趣的寓言故事，奇绝精妙，如享醴泉，令人回味无尽；而他无所羁绊、汪洋恣肆、仪态万方的文笔，则成了文人千年的至爱。古今的贤哲们给他加了不少的帽子，如"大哲人""大文豪""绝顶聪明的人""真人"等等，可见他巨大的影响力。
　　庄子究竟是一个什么样的人？
　　读过《庄子》的人，似乎都可以说出点对他的印象，却总有种说不清楚的感觉。不是他这个人太复杂，而是他太深刻，后人探不到底,人们只能描述对他的感觉和印象。

　　庄子大概生活在与孟子同时的战国时代,为宋国的蒙人(今天河南的商丘),没有过显赫的身世,在世的时候只做过管理漆园的小吏,**是个很平实的人**。过去,人们猜测他那么大的学问,对现实又那么不满意,一定出身于没落的贵族家庭,不过,这终归是猜测。他有做"大人物"的机会。据说,楚威王派使者请他做宰相,他却给使者打了个比方,说神龟是愿意尊贵地被供在庙里面,还是愿意自由自在地拖着尾巴在泥途中走呢?就这样客客气气地谢绝了。庄子的日子有时候过得很艰难,据说他有一次断了粮,向监河侯借米,监河侯说:"行啊!等我收回了属地的税金,我就可以借给您三百两金,您看这样行吗?"听监河侯这么说,庄子不高兴了,拿了个寓言回敬他,说有条鱼落到了陆地马路上的沟里面,见到路过的庄子说:"能不能给点儿水救救命。"庄子说:"你等着,我去吴越之地,激西江之水来救你。"那鱼回答:"我只要一点儿水就可以活命,你却要去激满江的水才来救我,要是那样,就不必了,你干脆到卖鱼干的市场上找我吧!"还有一次,庄子见魏王,见他身上穿戴的是粗麻织成的衣服,脚上登的是草鞋,魏王不免酸楚地说:"您怎么这么潦倒啊?"庄子却回答说:"不是潦倒,是贫穷。士有道德而不能行其道,这是潦倒;而衣服旧了,鞋破了,只是贫困而已。如今我遭遇不好的时候,处在昏君乱相之间,怎么能不潦倒呢!"这番话说得魏王无地自容。可见,庄子的平实,只是身份的平实,一触及思想领域,他的尖锐、智慧就显露出来了。

庄子也是个孤高的人。 庄子的朋友惠子在梁国当了宰相，庄子就去看望他。却有人对惠子说庄子这次来是想夺他的宰相位，惠子于是紧张了，下令满城搜捕。庄子知道了，就坦然地去见了惠子，说："南方有个叫鹓鶵的鸟，你知道吗，它从南海飞往北海，不是梧桐树不栖息，不是竹米不吃，不是甘泉不饮。当它飞过天空的时候，地上的鸱鹰得了个死老鼠，生怕鹓鶵抢它的食，大声地对着天上喊：'吓！'叫鹓鶵别靠近。你满城搜捕我，是不是拿你的宰相位来吓我啊？"

宋国有个叫曹商的人，替宋王出使秦国，因而得到秦王的赏识，奖励了他数以百乘的车，回到宋国，这人见到庄子，炫耀起来，说："住在简陋狭窄的巷子里，贫穷得以编草鞋为生计，面黄肌瘦的样子，那可不是我曹商擅长的；而启发万乘之主，得到数以百计的车，那才是我擅长的。"庄子听了后回敬道："秦王有了病，召了许多医生来对他们说：能破除疖疮的，可以得车一乘，能舔痔疮的，得车五乘，能治的病越卑下，得到的车越多。您不是为秦王治了痔疮吧，要不然怎么得了这么多的车啊？"

可见，庄子对于地位、名望并不看重，对于那种无人格地获取利益的人，更是不耻。如此孤高，也就难免孤独了。庄子在生活中的社会交往并不少，可他看得上眼的人太少，在他看来，那些人要么为功名利禄所困扰，要么为是非曲直争论不休，真正算是与他交往了一生的就是惠子这个人了。尽管庄子与惠子也是"谈得来，谈不拢"（钱穆语），甚至庄子对惠子也颇有微词，但惠子却是庄子一生中的对手与伙伴。说他们是对手，是因为他们俩见面就要针锋相对地相互诘难,寸步不让;说他们是伙计,是因为他们一生都在合作,没有合作,就不能彼此成就。庄子把惠子与自己的关系,比作一对常年干活的木匠和泥水匠,泥水匠的鼻子上落了一层薄如翼的石灰,要木匠给他铲掉,木匠就抡起斧头呼呼响,一斧下去,把泥水匠鼻子上的石灰铲掉了,鼻子毫发无伤,而站在那里的泥水匠纹丝不动,神态自若。庄子说自己就如同那个木匠,而惠子如同那个泥水匠,后来惠子死了,庄子就过得很不快活了。

要说庄子孤独,那其实也是从世俗的层面上说的,要是超出这个层面,那他的交往宽得很,大千世界凡有生之物都与他有交往。庄子喜欢观鱼、观鸟、观猴、观狸狌、观螳螂,也爱观花草、树木,不管是有知觉还是无知觉的,在他的笔下都变成了有知觉、有情感、活灵活现的了。这甚至不能以一句"庄子观得细"来概括,庄子其实始终在与它们对话,当然这种对话可能不是语言的,而是心灵的。不仅如此,庄子也与风、云,甚至骷髅等对话,倾听它们的诉说。庄子曾为此与惠子有过一次观鱼的争论,庄子说这鱼好快乐啊!惠子反诘道:你又不是鱼,你怎么知道鱼是快乐的?这场辩论充满智慧,最后庄子说得惠子没办法回答了,表明了庄子知道鱼是快乐的。庄子何以知道?就因为人与动物的界限在庄子那里消失了,万千世界的喜怒哀乐全都入了他的心。

庄子是一个简单、纯真的人。如此一个广知博识的人,如何简单、纯真呢?其实,这是一个化简的涵养功夫。庄子就经常反省自己,看看会不会被物欲所拖累。他看到一只喜鹊为了捕捉螳螂撞上了自己的额头,自己为了追逐这只喜鹊又误入了别人的林子,而挨了护林人的骂,就意识到那喜鹊是见利而忘了真,自己则是守形而忘了身,为此他把自己关在屋子里三天不出庭院。

人们对物的态度表现在两个方面:一是想得到;二是想守住。在庄子看来,得到了某种东西,也就受这物的负累,想要守藏住这物也是不可能的。你得了个宝物,担心别人偷了它,把它藏在箱子里,箱子再藏在柜子里,来了个大盗就连箱子、柜子一起偷了走。你怕有人偷了船,就把它藏在深渊里面,又怕有人偷了屋后的山,就把它藏在河泽中间,却不料想夜半时分待你睡熟,有大力气的人连同船与山都背走了。如果无所藏,也就无所失了。庄子创造出了个"忘"的方法来化简自己,忘利、忘言、忘形、忘己,把常人所不能忘的东西忘个干净,内心没有任何的私念,如此,可以澡雪精神,然后才有个不忘的东西存在,那不忘的东西恰是人生所要追求的天地境界。到了这个境界,就还原成纯真的处子,率性而为都不会有错了。庄子所推崇的"真人",就是这样的理想人格。

庄子还是个极其达观的人。做到了忘形忘己已是达观了,但还不是彻底的达观,只有在生死问题上的达观才是彻底的。庄子的妻子死了,作为老朋友的惠子,准备好了一肚子劝慰的话,但当他见到庄子,却颇令他意外,庄子非但没有哭,还在那里毫无忧伤地敲着盆唱歌,惠子接受不了,原先准备的那番劝慰的话立刻变成了指责:"人家跟你过了一辈子,为你养了儿子,你不哭也就罢了,却还敲着盆唱歌,这也太过分了吧!"庄子回答:"不是的。人的初始即是无形无生的死,只是气变而有形有生,如今人又变成了死,这如同春夏秋冬四时的递相兴替一样。我如果学别人的样子嗷嗷地跟随着哭,岂不是不懂得天地之命了吗?所以,我这才停止了哭泣!"轮到庄子自己要死的时候,他又是如何的呢?据说庄子要死了,徒儿们想到老师一生清贫,死了该好好厚葬一下他。不料庄子知道了,却说:"我把天地看作棺椁,日月看作连璧,星辰看作珠玑,万物看作陪葬品,这还不够啊?哪里需要你们再加厚葬?"徒儿们说:"我们是担心天上飞的老鹰吃您的身体。"庄子说:"在上面为老鹰吃,在地下为蚂蚁吃,这有什么区别?夺了老鹰的食而给蚂蚁,你们是何其偏心啊!"善待生,也要善待死,这才是庄子的达观。

最后要说,**庄子是个清醒的智者**。庄子的孤高源自清醒,清醒而后有深刻与朗明。世人也并非都不聪明,而是为利禄名誉等所熏染而遮蔽,丧失了他们的真性,所以是浑噩与沉浊的,庄子这才懒得与世人说话,或许庄子认为自己即便与他们说了,他们也不明白。寻常人们以为大就是大,小就是小,庄子则说你那个大只是相对于小来说,比起更大的,你那个就是小了。人们执着于把有用的与无用的东西看死了,岂不知你以为无用的是用的地方不对,如果用到恰当的地方,无用的就是大用。人们以为短命的人不及长寿的人,庄子则说比起活了八百岁的彭祖来说,长寿的人不就自叹不如了么!又比起以八千岁为春、八千岁为秋的老椿树,有谁敢说自己长寿!人们追求富贵,而瞧不起贫贱,庄子却说,富贵与贫贱不过只是暂时的和相对的,富贵的人比起更富贵的人来说,也不过是贫贱罢了,再说,即便如此,你能永远守得住富贵么?人们习惯于争执是是非非,岂不知你以为是的未必就是,你以为非的未必就非,越是喜欢表现自己智慧的人,其实越是不智慧,说的越多,错的也越多,所以,喜欢言论的是不智慧的人,智慧的人不喜欢言论。庄子所赞誉的那些智者,往往是看起来很不起眼的人,如打鱼的人、放牛的人、身体有残缺的人。庄子孤明独发,创造出了一个相对主义的哲学,破除了独断,破除了人们非此即彼的界限,换个角度,我们不得不说亦此亦彼。透过这个哲学,我们看待世界不再狭小,不再固执成见,不用计较是与非、得与失、荣与辱、贵与贱,我们因此雍容大度,以微笑看待天下事。

　　说了这许多,还是说不清楚他,我们只知道他的智慧是个无尽的宝库,取之不尽,用之不竭;又如同浩渺的大海,注之不盈,泄之不虚!

目 录

一 逍遥的人生 ································ 001

游刃有余 ································ 004
 原文参考 ······························ 007
内直而外曲 ······························ 009
 原文参考 ······························ 013
安之若命 ································ 017
 原文参考 ······························ 019
虚己以游世 ······························ 022
 原文参考 ······························ 025
远利而避害 ······························ 027
 原文参考 ······························ 029
藏山于泽 ································ 032
 原文参考 ······························ 034

相忘于江湖 ·· 036
　原文参考 ·· 037
不侍权贵 ·· 039
　原文参考 ·· 040
不为物思 ·· 042
　原文参考 ·· 043
游于道德之境 ·· 044
　原文参考 ·· 046

二　理想人格 ·· 049

超越世俗 ·· 052
　原文参考 ·· 055
忘我、无名 ·· 057
　原文参考 ·· 059
敬畏天地 ·· 061
　原文参考 ·· 064
无私、淳朴 ·· 066
　原文参考 ·· 067

三　道德境界 ·· 069

见善思过 ·· 071
　原文参考 ·· 074
德性不显 ·· 076
　原文参考 ·· 079
休影息迹 ·· 081
　原文参考 ·· 086

至仁无亲 ································ 091
　　　　原文参考 ···························· 094
　　守朴归真 ································ 096
　　　　原文参考 ···························· 097
　　同化于道 ································ 098
　　　　原文参考 ···························· 100
四　生死之间 ································ 101
　　安于天时 ································ 104
　　　　原文参考 ···························· 105
　　生死相依 ································ 107
　　　　原文参考 ···························· 108
　　善待生死 ································ 110
　　　　原文参考 ···························· 112
　　面对死亡 ································ 115
　　　　原文参考 ···························· 116
　　视死如归 ································ 118
　　　　原文参考 ···························· 120
　　公平简葬 ································ 121
　　　　原文参考 ···························· 122
五　庄子与友 ································ 123
　　对头与朋友 ······························ 126
　　　　原文参考 ···························· 127

救急之窘 …………………………………… 130
　　原文参考 ………………………………… 131
有形无情 …………………………………… 133
　　原文参考 ………………………………… 135
对手、真友 ………………………………… 137
　　原文参考 ………………………………… 138
巧妙、直谏 ………………………………… 139
　　原文参考 ………………………………… 140
无上自由 …………………………………… 143
　　原文参考 ………………………………… 144
人知鱼之乐乎 ……………………………… 146
　　原文参考 ………………………………… 147
以理止暴 …………………………………… 149
　　原文参考 ………………………………… 154

六　无用就是大用 …………………………… 157

大有大用 …………………………………… 159
　　原文参考 ………………………………… 161
臭椿树的去处 ……………………………… 163
　　原文参考 ………………………………… 165
栎社树的隐秘 ……………………………… 166
　　原文参考 ………………………………… 168
衰落的凤凰 ………………………………… 171
　　原文参考 ………………………………… 173

七　天地大美 … 175

美者自美 … 177
　原文参考 … 178
雕琢复朴 … 179
　原文参考 … 182
西施与东施 … 184
　原文参考 … 186
观察天地之美 … 189
　原文参考 … 190
螳臂当车 … 193
　原文参考 … 194

八　小大之辩 … 197

鲲鹏与小鸟的对话 … 199
　原文参考 … 201
长寿与短命 … 203
　原文参考 … 205
鱼儿要是见了美人会怎样 … 206
　原文参考 … 207
河伯与海神的对话 … 208
　原文参考 … 211

九　观化 … 213

梦里面还有梦 … 216
　原文参考 … 220

罔两与影子的对话 ……………………………………… 222
    原文参考 …………………………………………… 223
庄周梦为蝴蝶 …………………………………………… 225
    原文参考 …………………………………………… 227
当变化发生在自己身上的时候 ………………………… 228
    原文参考 …………………………………………… 229
臭腐化为神奇 …………………………………………… 230
    原文参考 …………………………………………… 231
外化而内不化 …………………………………………… 232
    原文参考 …………………………………………… 234
齐桓公所见到的鬼 ……………………………………… 236
    原文参考 …………………………………………… 238

十　小知与大知 …………………………………………… 239

朝三暮四 ………………………………………………… 241
    原文参考 …………………………………………… 242
是是非非 ………………………………………………… 243
    原文参考 …………………………………………… 245
言必有亏 ………………………………………………… 246
    原文参考 …………………………………………… 248
浑沌的德性 ……………………………………………… 249
    原文参考 …………………………………………… 250
你知道自己不知道吗 …………………………………… 251
    原文参考 …………………………………………… 253

以自己为老师 …………………………………… 255
　　原文参考 …………………………………… 256
言说不是吹风 ………………………………… 258
　　原文参考 …………………………………… 260
一生都在否定自己的人 ……………………… 261
　　原文参考 …………………………………… 262
得鱼而忘荃 …………………………………… 263
　　原文参考 …………………………………… 264

十一　以道为师 …………………………… 265
道有情信 ……………………………………… 268
　　原文参考 …………………………………… 270
六合内外 ……………………………………… 272
　　原文参考 …………………………………… 274
道可以得吗 …………………………………… 275
　　原文参考 …………………………………… 277
道在哪里 ……………………………………… 278
　　原文参考 …………………………………… 280
道不当名 ……………………………………… 281
　　原文参考 …………………………………… 283
有其道未必有其服 …………………………… 285
　　原文参考 …………………………………… 287

十二　不可思议的事情 …………………… 289
以己养养鸟 …………………………………… 292
　　原文参考 …………………………………… 295

智者守拙 ·· 296
　原文参考 ·· 298
善于射箭的人 ·· 299
　原文参考 ·· 300
以巧色骄人的猴子 ·· 303
　原文参考 ·· 305
蜗牛角上的触、蛮之战 ·································· 307
　原文参考 ·· 310
孔子舍于蚁丘之浆 ·· 312
　原文参考 ·· 314
卫灵公之为灵 ·· 315
　原文参考 ·· 317
鱼不畏网而畏鹈鹕 ·· 318
　原文参考 ·· 320
拒绝封赏的屠夫 ··· 322
　原文参考 ·· 324

一 逍遥的人生

游刃有余

在战国时期的诸侯中,梁惠王是庄子经常提起的一个人,说起来他与庄子也算是老交情了,梁惠王对庄子可谓崇敬有加,不过,庄子并不大买账,冷嘲热讽,有时候弄得梁惠王很尴尬。然而,在《养生主》里面,庄子以少有的和气态度与他说了话。

这天,梁惠王要庖丁(厨师)当着他的面肢解一条牛。只见这庖丁手脚极其麻利,他的手所触及的地方,脚所踩到的地方,膝所顶住的地方,发出了哗然响然的声音,他手上的刀在解牛过程中发出的声音,像是"经首"①这样美妙的音乐,那手脚并用所呈现出来的姿态,像是在跳"桑林之舞"。②

这让梁惠王看得眼花缭乱,极其快意,他忍不住高声喊道:

---

① "经首",尧的时代咸池乐曲中的一章。
② "桑林之舞",商汤王时期的舞乐。

"嗨,好哇!好哇!这解牛的技艺是如何达到这种地步的?"

厨师放下刀,回答:

"臣所要追求的是'道',超越了技艺。开始啊,臣在肢解牛的时候,所看到的无非是完整的牛;三年过后,就不曾看到过完整的牛了;如今,臣不用眼看,只用神会,感官停止了,而神在运行。依据天然的腠理,用刀击牛骨中间的空隙,导向骨节间的窍穴,一切遵循它本来的理路。对于经络、骨骼相连的地方,我从没用刀去割,何况那些大的骨头呢!好的厨师一年更换一把刀,因为他用刀去割;一般的厨师每月更换一把刀,因为他用刀砍;而臣的刀已经十九年了,肢解的牛有数千条之多,但刀刃锋利得就像刚刚磨过一样。牛的骨节、经络之间有间隙,而刀却没有厚度,用无厚度进入有间隙,那刀刃就像在宽绰的空间游走。所以,这刀虽说已十九年了,其锋刃却像刚刚磨过的。尽管这样,臣每次在进到骨节交会盘结之处,看到它的错杂,都会异常地小心谨慎,精神集中,动作缓慢,用刀轻微,如此,骨肉就稀里哗啦分解开,像土一样纷纷然倒在地上了。这个时候,我提着刀,站立起来,环顾左右,踌躇满志,欣然自得。再把刀擦拭干净,妥善地包藏起来。"

梁惠王听到这里,不无感叹:

"太妙了!听了庖丁的这番话,我知道该如何养生了!"

这则故事,讲述的虽然是一个肢解牛的小故事,要说明的却是一个大道理。

首先，那个庖丁虽然从事的是一件卑微平常的事情，可他要从肢解牛的事情中，追求一个大道理，这不是一般所说的"技艺"可以表达其内心的丰富性问题，这种技艺高超表现出来的，其实是思想、境界的高超。这符合庄子一向的看法：社会地位尊高的人未必有德有道，未必境界就高；而社会地位低微的人却可能有德有道，是思想境界很高的人。这也犹如一个汽车修理师，他刚开始接触汽车时，看到的是完整的一部汽车，不知如何下手；三年过后，看到的是一堆零件；后来，再看到的又是整部的汽车了，这个时候，他不用仔细检查，只要听一听汽车发动的声音，就知道问题所在了。

其次，从庖丁肢解牛的出神入化的全过程可以明了：事情无论巨细繁简，都有道可循，即便是交错繁复的节骨，也有路可走。骨节再错杂，也有空间；刀刃并非无厚度，只是比起骨节之间的空隙来说，它的厚度几乎可以忽略不计了。这是典型的相对主义观念。事物的大小、厚薄、宽窄，虽然有其具体的性质，可这些性质并不是孤立的，它们存在于相互的关系当中，在这关系中，它们的性质就只是相对的了。

其三，这里所说的养生，并非身体的调养，而是在社会中间的生存。每个人都有自己的路可走，也不必因为某一次的失败而沮丧，俗称"鱼有鱼路，虾有虾路"，天不绝人，社会本来有多条路可寻，不必挤在一个独木桥上。庄子处在一个战国的乱世，他却以这种"游刃有余"的宽闲态度，求得了自在自由。

原文参考

吾生也有涯,而知也无涯。以有涯随无涯,殆已!已而为知者,殆而已矣!为善无近名,为恶无近刑,缘督以为经,可以保身,可以全生,可以养亲,可以尽年。

庖丁为文惠君解牛,手之所触,肩之所倚,足之所履,膝之所踦,砉然响然,奏刀騞然,莫不中音,合于桑林之舞,乃中经首之会。

文惠君曰:"嘻,善哉!技盖至此乎?"

庖丁释刀对曰:"臣之所好者道也,进乎技矣。始臣之解牛之时,所见无非全牛者;三年之后,未尝见全牛也。方今之时,臣以神遇而不以目视,官知止而神欲行。依乎天理,批大郤,导大窾,因其固然。技经肯綮之未尝,而况大軱乎!良庖岁更刀,割也;族庖月更刀,折也;今臣之刀十九年矣,所解数千牛矣,而刀刃若新发于硎。彼节者有间而刀刃者无厚,以无厚入有间,恢恢乎其于游刃必有余地矣。是以十九年而刀刃若新发于硎。虽然,每至于族,吾见其难为,怵然为戒,视为止,行为迟,动刀甚微,謋然已解,如土委地。提刀而立,为之而四顾,为之踌躇满志,善刀而藏之。"文惠君曰:"善哉!吾闻庖丁之言,得养生焉。"(《养生主》)

内直而外曲

在《人间世》中,庄子借颜回与孔子之间的一段对话,表达了他自己对命运与使命的看法。

这一天,颜回想要单独去干一件大事,于是,便向孔子辞行。

孔子问:

"你要去哪里?"

颜回回答:

"去卫国。"

"干什么?"

"学生听说卫国的国君正当年壮之时,却独断专行,他很轻率地对待国家事务,却没有人指出他的过错;他视民如草芥,百姓死亡的人难计其数,人们生活在水深火热当中,而无处可逃。学生听先生讲过:'已经治理了的国家,就要离开它;而正混乱的国家就要走进它。所谓医生门前病人多。'希望从先生的教诲当中思考我该如何去做,或许这国家还能有救。"

孔子回答:

"唉,你去恐怕要遭受刑戮咯!"

孔子对颜回卫国之行很不乐观,不过,他的不乐观似乎不在于卫国的国君是否能够接受颜回,而是顾虑颜回本身的问题是否解决好了。所以,孔子接着说:

"古代最有境界的人,都是先修养好了自己,然后才去劝导别人。如今,你自己的内心都还动摇不定的,哪里谈得上去感化残暴者?……再说,即便德行纯厚,信义笃诚,也未必能感于人气;名声显赫,不与人争,也未必能感于人心。而勉强以仁义的道理来说服残暴者,会被人看作故意在人面前卖弄自己的美德,而使听者陷于自愧不如的境地,这种情形就叫做'灾人',而灾人者,别人必定反过来使之陷于灾。你想成为别人所灾的对象吗?"

颜回意识到师傅说的是他在自我修养方面的欠缺,就马上提出:

"我自己努力做到端正、虚心,勤勉而专一,这样可以感化卫君吗?"

"不可以,还是不可以。那人锋芒毕露,喜怒无常,喜欢压制不同意见,喜欢别人顺从他,这样的人连积攒点德行都做不到,你怎可以期望他成为大德之君呢?他本性刚愎自用,不听教化,即便表面上他听了你的,内心也并没有消除对你的忿恨,这怎么可以呢?"

"我采取内直而外曲的原则,平允一些,向古人看齐呢?内直,就是以天为师,既是以天为师,那么天子与我都是天所生养的,那么我还需要祈求别人肯定我讲的话是善还是不善么?外曲,也就是以人为师。别人做什么,我也做什么,别人见了国君行人臣之礼,我也跟着别人那么做。做别人做过的事,别人也不会挑我的毛病了。平允而向古人看齐,就是以古人为师,看起来是开导,其实是在斥责,但这是古人说过的话、做过的事,又不是我的发明,这样既可以保持中直,又不会有毛病。这样可以了吧?"

孔子还是回答:

"不,不可以。从古到今,可以效法的事例太多了,这样并不通达,不过,这样虽然固陋了点,倒也无罪。但也不过如此罢了,哪里谈得上感化呀?你这还是自以为是。"

颜回没辙了,只好两手一摊,说:

"我没更好的办法了,请问先生有何办法?"

"斋。"

颜回似乎领悟了,马上回答:

"学生家庭本来贫寒,没有饮酒、没有吃荤已经几个月了,这样可以算得上斋吗?"

"你那是祭祀之斋,不是心斋。"

"什么是心斋?"

"专一不贰,不用耳朵听而用心听,不用心听而用气听,耳朵休止于听,心休止于合。我所说的气,就是虚心而待物。那

'道'啊，本身就是虚。所以，虚心就是心斋。"

颜回终于明白了，高兴回应道：

"学生在没有听到先生这番话之前，觉得有颜回的存在；听了老师的话，我这才觉得未曾有颜回的存在。这样是不是就是虚了？"

孔子高兴答道：

"这就对了。我告诉你，你若能到那国家去，但不是为了获取名誉，那么他听得进去，你就讲；他要是听不进去，就别讲。这样也就无所谓'医门'，无所谓'治理'，安心地住下来，置身于不得已的处境当中，也就与'心斋'差不离了。要消除自己的行迹容易，但要走路不着地就难了；为世人驱使而把自己伪装起来容易，为天性驱使而把自己伪装起来就难了。"

这又是庄子借孔子与颜回的对话说了自己的话。

这段对话里，颜回本来是遵照孔子向来的教诲，打算去救治丧乱不堪的卫国，不料被老师一瓢冷水泼了个透凉。孔子从动机上是肯定了颜回，却认为效果不佳，意思是颜回规劝卫国国君的那些措施并不十分奏效，而且，那种做法有张扬自己美德而陷对方无德的嫌疑，卫国的国君一旦意识到这一点，就会反过来陷害颜回，所谓灾人者，必定反被人所灾。

在修养自己与治理国家两个方面，前者更重要，自己都没有打理好，如何搭救别人？自己都心神未定，如何使残暴的国君静定下来？孔子于此点出了潜藏在颜回内心的关键问题：是否存有功利的企图。你只要有丝毫的行迹,都会被人察觉到,而任何功名的企图都会产生危害,既妨碍做事,又害自己。反之,如若心斋忘己,则能在不得已的处境中安然独存,产生纯美吉祥的境界。

再者,人可能被他人使唤,那种情形下,你可以违背自己的心愿去做一些事情,但那么做的时候一定会使你自己内心难受,只不过,你尽可以把自己的不高兴伪装成高兴的样子,因为你要在这个社会上生存,就不得不委屈自己;可是,你要是依照天性去行事的时候,你就很难把自己的不高兴伪装成高兴的样子了。那么,如何既不失自己的天性,又能游刃有余地在世间生存下去呢?庄子的意思是,你把这一切高兴的或不高兴的事情,统统看成自己的际遇,看成人生难得的体验,如此,那些在寻常的人看来是尴尬的、难堪的、不得已的情形,正好是成就自己超然人格的时候。到了这个境界,就不再被高兴的或不高兴的情绪困扰了,一切的作为都会合乎天然本性了。

原文参考

颜回见仲尼,请行。

曰:"奚之?"

曰:"将之卫。"

曰:"奚为焉?"

曰:"回闻卫君,其年壮,其行独。轻用其国,而不见其过。

轻用民死,死者以国量乎泽若蕉。民其无如矣!回尝闻之夫子曰:'治国去之,乱国就之。医门多疾。'愿以所闻思其则,庶几其国有瘳乎!"

仲尼曰:"嘻,若殆往而刑耳!夫道不欲杂,杂则多,多则扰,扰则忧,忧而不救。古之至人,先存诸己,而后存诸人。所存于己者未定,何暇至于暴人之所行!且若亦知夫德之所荡而知之所为出乎哉?德荡乎名,知出乎争。名也者,相札也;知也者,争之器也。二者凶器,非所以尽行也。

且德厚信矼,未达人气;名闻不争,未达人心。而强以仁义绳墨之言术暴人之前者,是以人恶有其美也,命之曰灾人。灾人者,人必反灾之。若殆为人灾夫!

且苟为悦贤而恶不肖,恶用而求有以异?若唯无诏,王公必将乘人而斗其捷。而目将荧之,而色将平之,口将营之,容将形之,心且成之。是以火救火,以水救水,名之曰益多。顺始无穷,若殆以不信厚言,必死于暴人之前矣!

……

且昔者桀杀关龙逢,纣杀王子比干,是皆修其身以下伛拊人之民,以下拂其上者也,故其君因其修以挤之。是好名者也。昔者尧攻丛枝、胥、敖,禹攻有扈,国为虚厉,身为刑戮。其用兵不止,其求实无已,是皆求名实者也,而独不闻之乎?名实者,圣人之所不能胜也,而况若乎!虽然,若必有以也,尝以语我来。"

颜回曰:"端而虚,勉而一,则可乎?"

曰:"恶!恶可!夫以阳为充孔扬,采色不定,常人之所不违,因案人之所感,以求容与其心,名之曰日渐之德不成,而况大德乎!将执而不化,外合而内不訾,其庸讵可乎!"

"然则我内直而外曲,成而上比。内直者,与天为徒。与天为徒者,知天子之与己,皆天之所子,而独以己言蕲乎而人善之,蕲乎而人不善之邪?若然者,人谓之童子,是之谓与天为徒。外曲者,与人之为徒也。擎跽曲拳,人臣之礼也。人皆为之,吾敢不为邪?为人之所为者,人亦无疵焉,是之谓与人为徒。成而上比者,与古为徒。其言虽教,谪之实也,古之有也,非吾有也。若然者,虽直而不病,是之谓与古为徒。若是则可乎?"

仲尼曰:"恶!恶可!大多政法而不谍。虽固,亦无罪。虽然,止是耳矣,夫胡可以及化!犹师心者也。"

颜回曰:"吾无以进矣,敢问其方。"

仲尼曰:"斋,吾将语若。有心而为之,其易邪?易之者,皞天不宜。"

颜回曰:"回之家贫,唯不饮酒不茹荤者数月矣。如此则可以为斋乎?"

曰:"是祭祀之斋,非心斋也。"

回曰:"敢问心斋。"

仲尼曰:"若一志,无听之以耳而听之以心;无听之以心而听之以气。听止于耳,心止于符。气也者,虚而待物者也。唯道集虚。虚者,心斋也。"

颜回曰:"回之未始得使,实自回也;得使之也,未始有回也,可谓虚乎?"

夫子曰:"尽矣!吾语若:若能入游其樊而无感其名,入则鸣,不入则止。无门无毒,一宅而寓于不得已则几矣。绝迹易,无行地难。(《人间世》)

安之若命

楚国有个叫诸梁的人，字子高，出身楚国的王裔，被分封在叶，人们又称他为叶公子高。他接受使命将要出使齐国，临行前，他请教孔子，说：

"楚王交给我的使命的确很重大，而我知道，齐国的人看起来对你很敬重，但是你想要办的事，他们却不着急给你办。我自己思忖着，我连个匹夫都难以感化，何况要我去感化诸侯啊？所以呀，我很担心自己能否完成这个使命。先生您常告诫我'凡事不管大小，很少有不合于道、却能愉快地完成了的。事情如果办不成，一定有人事方面的祸患；如果办成了，又有阴阳失衡方面的祸患；不管成与不成，事后都无祸患的，只有有德的人才能做得到'。而我只是个吃粗茶淡饭的人，就像整天围着锅台烧火做饭的人不敢企望享受清凉一样，突然受到这样的重用，早上才领受了使命，晚上我就要吃冰来降温，我可能是得了内热病了吧！您看看，我还没有把所接受的事情弄明白，就已经有了阴阳失衡之患,而事情若办不成,更有人事之患,这是双重的祸患。作为人臣,我的确担当不起如此重任,您一定有话可以告诫我!"

孔子说:

"天下有两大戒:一个叫命,一个叫义。你爱你的父母,这是命,对此你不可能在心里排解掉。而作为臣子侍奉君主,这是义,无论哪个地方都有君臣关系,这是天经地义的。所以叫大戒。侍奉父母,不选择地方而专心地去做,这是孝顺的极致;侍奉君主,不选择利害而尽力去完成,这是忠义的盛美;如果侍奉自己的本心,那么悲哀与欢乐的事情都不会改变你的心情,知道这是无可奈何的事情而能够把它看成命运安排,这才是有德的最高表现。你作为人的臣子,的确有不得已的地方,如果专心于执行使命而忘掉个人的哀乐利害,哪里有工夫去考虑喜欢生、厌恶死这类的事情啊!明白了这个道理,我看你可以去了!"

没等叶公子高离去,孔子又补充道:

"请再接受我的另一个劝告。我听说了,国家交往,彼此靠得近就以亲顺取得信任,若彼此隔得远就要靠言论表达忠诚,而言论必须要通过外交渠道传递。如果要使双方都高兴,或使双方都愤怒,这是天下难做的事情。要使双方都高兴,必定要讲些溢美的话;要使双方都感到愤怒,必定要多讲些溢恶的话。凡是溢言,都是虚妄的,而虚妄的话也就淡漠了。以淡漠来传递双方想要取得的信任,必定会殃及双方。所以,有格言说:

'传递常情,别传递溢言,这样几乎就可以保全了。'"

上面孔子与颜回各自讲了一番似儒家而非儒家的话,这其实是庄子特有的表述手法,借别人的嘴巴说出自己的话,这次就借了孔子和颜回的对话讲了自己想说的话。对话中,孔子还是从亲情、忠孝的立场说话的,只不过,亲情、忠孝都终究令人陷于难以圆成的结局,所以,还是要以侍奉自己的本心作为归依,只有超越了患得患失的本心,才可以圆成。

世人过去以庄子"知其不可奈何而安之若命"这句话,认定庄子是个宿命论者,对世事采取消极的态度。在这里,他说的命,其实就是作为人不能不孝敬父母,作为臣子不能不尽其忠义。而把孝敬和忠义看作是命运的安排,去做自己理当做的事情,连哀乐忧喜都不考虑,甚至达到忘身忘己的地步,这不是积极的态度么?

再者,溢美、溢恶之言,为庄子所不喜欢。溢美、溢恶,都是说了过头、过分的话,溢美是把好处放大,溢恶是把不好处夸张。两国交往,应该讲基本的事实,既不是取悦、附和对方,也非渲染自己的喜怒。

原文参考

叶公子高将使于齐,问于仲尼曰:"王使诸梁也甚重。齐之待使者,盖将甚敬而不急。匹夫犹未可动,而况诸侯乎!吾甚栗之。子常语诸梁也曰：'凡事若小若大，寡不道以欢成。事若不成，则必有人道之患；事若成，则必有阴阳之患。若成若不成而后无患者，唯有德者能之。'吾食也执粗而不臧，爨无欲清之人。今吾朝受命而夕饮冰，我其内热与！吾未至乎事之情而既有阴阳之患矣！事若不成，必有人道之患。是两也，为人臣者不足以任之，子其有以语我来！"

仲尼曰："天下有大戒二：其一命也，其一义也。子之爱亲，命也，不可解于心；臣之事君，义也，无适而非君也，无所逃于天地之间。是之谓大戒。是以夫事其亲者，不择地而安之，孝之至也；夫事其君者，不择事而安之，忠之盛也；自事其心者，哀乐不易施乎前，知其不可奈何而安之若命，德之至也。为人臣子者，固有所不得已。行事之情而忘其身，何暇至于悦生而恶死！夫子其行可矣！

丘请复以所闻：凡交近则必相靡以信，远则必忠之以言。言必或传之。夫传两喜两怒之言，天下之难者也。夫两喜必多溢美之言，两怒必多溢恶之言。凡溢之类妄，妄则其信之也莫，莫则传言者殃。故法言曰：'传其常情，无传其溢言，则几乎全。'"（《人间世》）

虚己以游世

鲁国城南有个叫宜僚的人,这天见到了鲁国的国君,看到鲁君一脸忧愁的样子,就问:

"君王看起来面有忧色,这是为什么?"

鲁王回答:

"我学习先王之道,修造先王的大业;我敬仰鬼神,崇尚贤明;而且,我努力身体力行,一刻也不敢放松。然而,我仍然难以免于祸患,所以感到忧虑。"

宜僚听了鲁君的这话,略有所思,说道:

"君王除祸患的方法浅陋了。您没看到那长得丰厚的狐狸和满身花纹的豹子吗?它们栖息在山林里面,潜伏在岩穴中间,这是它们的安静;夜间行走,白天躲藏,这是它们的警惕;虽然时常忍受饥渴,却依然小心翼翼地在江湖上寻觅食物,这是它们的审慎。即便如此,还是难以逃脱网罗、机辟等陷阱的祸患。是什么给它们招来的祸患呢?是它们身上的皮。如今,鲁国不正是君王的皮么？希望君王剖其形，去其皮，忘却心智，除却欲望，游于无人的旷野。南越有个地方，叫作'建德'的国家，那里的民情愚钝而淳朴，少私心而薄欲望，只知劳动而不知私藏，乐意施与而不求回报；不知道'义'在哪里使用，也不知道'礼'有何作用。人们率性而为，走的是天地正道。快意地活，安心地死。我希望君王离却鲁国，捐弃世俗，与道相辅助而前行。"

鲁君听了这话，颇感新鲜，却又迟疑起来：

"那道遥远且艰险，又有山河的阻隔，我没有车船，怎么办？"

"您只要形不倨傲自贵，心不滞留于所居的位置，就可以随万物而乘载了。"

"那道幽远，又见不到人，谁可做我伴侣？我没有粮食，没有食物，怎么才能到达？"

"减少您的资费，淡泊您的欲望，虽然没有粮食也可以自足了。君王漂流江海，放眼望去不见边际，越走越宽广，而不知道穷极。那些来送您的人，走到海岸边，也就只好返回去了。您就可以没有牵累了，从此走得远远的。所以说，有人可以使唤，就会有拖累；被人使唤，就会有忧患。过去，尧没有人可以使唤，也就不被人使唤。我愿意去掉您的拖累，除却您的忧患，让您独自与道在大漠的国度里面优游。设想搭乘两船相拼的方舟过河，有一艘无人的船碰撞了方舟，即便是心底褊狭的人也不会发怒；要是有一个人在那艘船上，那么您一定会大声喊叫。

第一次喊叫，对方没有回应；第二次再喊叫，也不见回应；于是第三次喊叫，接着您一定会大声地呵斥。刚才无人的船碰撞了方舟，您不发怒，但现在您却要发怒，就因为刚才的船上没有人，现在的船上有人。人要是能够像无人的虚船那样，把自己看作不存在，自由自在地游于世间，那么又有谁能够伤害到您呢？"

鲁国君主以为自己效法先王，敬仰鬼神，崇尚贤明，就应当没有祸患了，可是，他仍旧逃脱不了祸患。原因不在于他不谨慎、不努力，而在于他是鲁国的国君，他显赫的位置被人惦记，就如同狐狸与豹子无论怎么小心谨慎都难脱逃陷阱，就因为人们觊觎它们身上的皮。有了地位可以使唤人，免不了祸患；没有地位想要地位，所以被人使唤，这也免不了祸患。只要放弃既有的地位，也不想取得任何地位，就没有了拖累，也就可以无忧无患了。

追求天道，追求超越，并非需要很多的资财，也非无"车船"的方便就游不远，只要"心有天游"，就没有什么可以阻隔的了。人实际需要的东西很有限，求道之人身不可留恋地位，心不可滞留名利，只要忘身忘己，就能行得远。

"虚己以游世"，这是一段富有美感的想象。庄子从两条相碰撞的船这件简单的事情，看出了人的两种不同态度。第一种情况，无人的船撞了你的方舟，你没有骂，不是不想骂，是因为被骂的对象不存在，如果你仍然要对着没有人的船开骂，在旁人或自己看来,都是一件极其无聊的事情。第二种情况,你对着撞向自己方舟的人连续警告了三次,而对方听而不闻,你一定会追着对方骂,就因为有这么个对象存在。可是作为一种处世的方式,如何才能够让人把你看成是不存在呢?那就是要"虚己",不占地方,不挡道,不被人惦记,也就是让人觉得那个"被骂的对象"不存在。

原文参考

市南宜僚见鲁侯,鲁侯有忧色。市南子曰:"君有忧色,何也?"

鲁侯曰:"吾学先王之道,修先君之业;吾敬鬼尊贤,亲而行之,无须臾离居。然不免于患,吾是以忧。"

市南子曰:"君之除患之术浅矣!夫丰狐文豹,栖于山林,伏于岩穴,静也;夜行昼居,戒也;虽饥渴隐约,犹且胥疏于江湖之上而求食焉,定也。然且不免于罔罗机辟之患,是何罪之有哉?其皮为之灾也。今鲁国独非君之皮邪?吾愿君刳形去皮,洒心去欲,而游于无人之野。南越有邑焉,名为建德之国。其民愚而朴,少私而寡欲;知作而不知藏,与而不求其报;不知义之所适,不知礼之将。猖狂妄行,乃蹈乎大方。其生可乐,其死可葬。吾愿君去国捐俗,与道相辅而行。"

君曰:"彼其道远而险,又有江山,我无舟车,奈何?"

市南子曰:"君无形倨,无留居,以为君车。"

君曰:"彼其道幽远而无人,吾谁与为邻?吾无粮,我无食,安得而至焉?"

市南子曰:"少君之费,寡君之欲,虽无粮而乃足。君其涉于江而浮于海,望之而不见其崖,愈往而不知其所穷。送君者皆自崖而反。君自此远矣!故有人者累,见有于人者忧。故尧非有人,非见有于人也。吾愿去君之累,除君之忧,而独与道游于大莫之国。方舟而济于河,有虚船来触舟,虽有惼心之人不怒。有一人在其上,则呼张歙之。一呼而不闻,再呼而不闻,于是三呼邪,则必以恶声随之。向也不怒而今也怒,向也虚而今也实。人能虚己以游世,其孰能害之!"(《山木》)

远利而避害

有一天,庄子在雕陵的一个栗树园里游耍,见到一只奇特的鹊从南方飞过来了,那翅膀有七尺那么长,眼睛有一寸那么大,那鹊突然一下子撞到了庄子的额头,然后在栗树林子里停了下来。庄子当时有点气愤地骂道:

"这是什么鸟啊!这么大的翅膀飞不走,那么大眼睛看不见。"

说完这话,他又有些好奇,于是拿着弹弓,撩起衣服,蹑脚蹑步,跟随了那鹊,想等机会把它射下来。这个时候,他看到了另一种景象:有一只蝉为了躲在树荫下乘凉,忘了自己处境的危险,被螳螂张开双臂逮住了;而螳螂为了获得蝉,也忘了自己的形体暴露在外,那鹊乘机扑捉了它;但那鹊则忘了自己的本性,撞到了庄子的额头。看到这里,庄子突然惊觉起来,他想:"呃!世上的事情都是相互牵累的,利益与祸害是相互召引的。"于是,他扔了弹弓往回走。恰在这个时候,守栗园的人看到庄子闯进了他的园子,怀疑庄子偷了他的栗子,便大声地斥骂起来。庄子一声不响地回到了家里,把自己关在屋子里,三天不出门庭。

他的弟子蔺且发现庄子这个情况,就进去问庄子:

"先生为何这么长时间也不出门庭啊?"

庄子回答:

"我想射杀那鹊,但忘了自己的身子;我观见浊水,自己却在清渊面前迷失了。再说,我听老子说过:'入其俗,从其令。'今天我游于雕陵,忘了自己;那鹊撞了我的额头,它是游于栗林忘了本性;而守栗林的人以为我偷了他的栗子而骂了我。这就是我不出门庭的原因。"

我们知道"同类相从、同声相应",以及"物以类聚、人以群分"的道理,这是说人们之间存在着亲和的关系。在这里,庄子想说的是另一个道理:"利害相召。"人们之间存在着一个利益的链条,人们彼此处在这个链条中的某个环节,彼此追逐,如果彼此之间只有利而没有害也就罢了,问题恰恰是有利就有害,你得到了某种利益,同时也就有了某种害。世上的事情没有说只有利而没有害的,利的东西容易看得见,害的东西你不容易察觉。当害的东西已经危害到你的时候,这才"悔不该当初",这是常人的反应。如今中国流行一句"利益输送"的话,说的正是这利益链条。只要你进入了利益链条,你就可以分享到这个链条带给你的利益与好处,同样,你也会因这好处而被牵连进去,身受其害与坏处。而明智的人能够在害还没有显现的时候,就意识到它潜伏在利中间了,故而,不沾那个利,也就没有那个害了。历史上的范蠡辅佐越王勾践灭了强敌吴王夫差,然后悄然离开,泛舟于江湖;张良帮刘邦打下天下后,拒绝封爵,逃遁于山林;唐朝有个岑文本,当了宰相,却一点也不高兴,拒绝所有人的祝贺,说什么"家里出了丧事",把自己反锁在家里,闭门思过。这三人皆由于自我警示,不沾利益,故能善始善终。

为了利益而忘了身形,这又是见利忘害的极致了,历史上有人得了宝珠,怕人偷了去,把它吞进肚子里,却不知这几乎害了自己的命;现在有的人为了躲过检查,把毒品藏进身体里去;有贪官为了利益寻租,不惜搭上身家性命,其做法如出一辙。

庄子本来远离利益链条,然而仅仅是出于好奇,想知道为何那么大个的喜鹊看不见自己,又飞不起来,结果反遭守栗林的人辱骂,这才有"我观见浊水,自己却在清渊面前迷失了"的话。为此,他把自己关在屋子里,不出门庭,就是要把这世上的利害关系想个清楚。

原文参考

庄周游于雕陵之樊,睹一异鹊自南方来者。翼广七尺,目大运寸,感周之颡,而集于栗林。庄周曰:"此何鸟哉!翼殷不逝,目大不睹。"蹇裳躩步,执弹而留之。睹一蝉,方得美荫而忘其身。螳螂执翳而搏之,见得而忘其形。异鹊从而利之,见利而忘其真。庄周怵然曰:"噫!物固相累,二类相召也。"捐弹而反走,虞人逐而谇之。庄周反入,三日不庭。蔺且从而问之:"夫子何为顷间甚不庭乎?"

庄周曰:"吾守形而忘身,观于浊水而迷于清渊。且吾闻诸夫子曰:'入其俗,从其令。'今吾游于雕陵而忘吾身,异鹊感吾颡,游于栗林而忘真。栗林虞人以吾为戮,所以不庭也。"(《山木》)

藏山于泽

在《大宗师》中,庄子谈起了人们想要守住财宝的事情,他说:

"把舟藏在深渊里面,把山藏在湖泊中间,这可以算是稳固的了。可是,半夜的时候,不料有个大力气的人,连同你的舟和山一同背走了,而睡熟了的主人对此毫无知觉。所以,藏小的东西,或者藏大的东西,本以为已经很妥当了,却还是丢失了。如果你把天下藏在天下,就不会丢失了,这是事物的真实情形。"

在《胠箧》中,则说得更明白:

"有人为了防止小偷盗箱子、撬柜子,于是想尽办法来防备,用绳子、藤把箱子捆得紧紧的,加上坚固的锁,这是世俗所称的智慧。然而,来了个大盗,却背了主人的柜子、提了箱子一起走了,那大盗还唯恐主人的绳子、藤和锁不够坚固呢!所以啊,乡里人所以为的智慧,难道不是为大盗积攒财富么?"

庄子在《天地》中再一次发挥了上面的意思：

"把金藏在山里，把珠藏在深渊里，不以财货为利，不趋近富贵，不以长寿为乐，不以短命为悲哀，不以通达为荣耀，不以穷困为羞愧，不取世间的利益为自己的私有，不以统治天下为自己的显要。"

庄子的话显得有点夸张，却讲出了一个真切的道理，越是把财富藏得深固，丢失得就越快、越彻底，那偷窃的人还生怕你藏得不牢固呢！所以，那些想守藏财富的人，不是方法不周全，而是太周全了，可是仍然守不住。问题不在方法，而是守藏财富的想法就不对。庄子要告诉人们的是：财富其实是守藏不住的。老子讲过"不贵难得之货"，因为"难得之货"不仅守不住，且极可能危害自身的安全。不过，庄子却开个玩笑说：你的守藏方法不对，你把财富放到它本来的地方，把金藏在山里，把珠藏在深渊里，把天下藏在天下，也就是无所藏，也就无所失。

据说，鲁国有个相国，叫作公仪休，他本性喜欢鱼，但他从不接受别人送来的鱼。由于公仪休不接受别人送来的鱼，再也没有人从河里打鱼了，所以，河里的鱼就很多。如果公相国接受了鱼，那么人们就会争相效仿，把河里的鱼都打光了，公相国就再也看不到鱼了。

原文参考

夫藏舟于壑,藏山于泽,谓之固矣!然而夜半有力者负之而走,昧者不知也。藏小大有宜,犹有所遁。若夫藏天下于天下而不得所遁,是恒物之大情也。特犯人之形而犹喜之。若人之形者,万化而未始有极也,其为乐可胜计邪?故圣人将游于物之所不得遁而皆存。善妖善老,善始善终,人犹效之,又况万物之所系,而一化之所待乎!(《大宗师》)

将为胠箧探囊发匮之盗而为守备,则必摄缄縢,固扃**镉**,此世俗之所谓知也。然而巨盗至,则负匮揭箧担囊而趋,唯恐缄縢扃**镉**之不固也。然则乡之所谓知者,不乃为大盗积者也?(《胠箧》)

若然者,藏金于山,藏珠于渊;不利货财,不近贵富;不乐寿,不哀夭;不荣通,不丑穷。不拘一世之利以为己私分,不以王天下为己处显。显则明。万物一府,死生同状。"(《天地》)

相忘于江湖

在《大宗师》里,庄子讲了一段寓言故事:

河水干涸了,鱼儿们彼此都被晒在陆地上,行将要死了,这个时候,出现了令人动容的情景:它们彼此用嘴朝对方的身体哈着湿气,又吐出唾液来湿润对方,试图减缓一下对方干裂的痛苦……

庄子对此发表了评论:

"相濡以沫,不如相忘于江湖。"

相濡以沫是一种感人的境界,表达了人在弱小、孤苦、无助甚至在垂死的情景下,人们彼此的关爱和怜悯。要知道人在很多情形下都会遭遇到如此境况的,此时最需要它。可是,庄子却说不如相忘于江湖。"不如"是一个选项,就是说,如果可选择的话,宁愿相忘于江湖。既是一个选项,就不能说不需要关爱和怜悯,而是更愿意选择相忘于江湖。相濡以沫是很感人,但毕竟那是个被动的境地,是一种悲情。相忘于江湖,虽然少了些爱,却很自由、自在,自己处于主动的境地。相比而言,相濡以沫是小天地、小境界,而相忘于江湖是大天地、大境界。也就是说,自由的价值高于爱。裴多菲有诗曰:"生命诚可贵,爱情价更高,若为自由故,二者皆可抛。"可以作为这个典故的佐证。

自庄子说出这个典故之后,两千多年来,这便成了至理名言了,相依为命的人追求相濡以沫,洒脱自如的人追求相忘于江湖。

原文参考

泉涸,鱼相与处于陆,相呴以湿,相濡以沫,不若相忘于江湖。(《大宗师》)

不侍权贵

宋国有个叫作曹商的人,因为替宋王出使秦国,当即得到了宋国国君馈赠的数乘车辆。到了秦国,更得到了秦王的赏识,因而得到了多达百乘的车。回到宋国,这人路上正好遇见了庄子,便拦住庄子,自我夸耀起来,说:

"若说居住在简陋而狭窄的巷子里面,穷得靠编织草鞋为生计,面黄肌瘦的样子,那是我曹商所不擅长的;要是启发万乘之主,从而得到数以百计的车辆的奖赏,那可是我擅长的了。"

听完曹商的话,庄子冷冷地回应道:

"听说秦王得了病要召医生,放出了话:能够破除疖疮的人可以得到一辆车的赏赐,能够舔痔疮的人可得到五辆车,能够治愈的病越是低下,得到的赏赐越多。你不是为秦王治了痔疮吧,要不然怎么得到了这么多的赏赐啊?你走开吧!"

想必曹商这个人与庄子很熟悉,大概是知道庄子的生活状况的,因而想要借此奚落庄子一番,不料反被庄子嘲笑了,而他却找不到适当的话来回击庄子。世上有两种人,一种是把话说得不痒不痛,一种是把话说得酣畅绝妙。前者易招人反击,横竖回应都有理;后者不易被反击,横竖不好回应,只好沉默了。庄子在这里把话说到了极致,曹商何以回击?他能说自己所行的事不是舐秦王的痔疮吗?如果不是,那又是什么?

庄子何以如此的高傲,说完话的时候,甚至带着呵斥的声调要曹商为他让开路?原因只在于庄子的良知与德性。有句古话说:"道德备,可轻王公!"庄子这里正是良知与德性的高傲。庄子所处的生活境地的确贫穷,他在会见梁惠王的时候,就曾经穿着破旧的粗麻布衣服,脚上穿的是草鞋;而曹商想要嘲笑庄子的正是拿自己的富有与庄子的贫穷相比,结果,贫穷的庄子以舐痔疮的下贱来看待曹商的富贵,可见,贫穷和下贱从来就不是一回事。

原文参考

宋人有曹商者,为宋王使秦。其往也,得车数乘。王说之,益车百乘。反于宋,见庄子,曰:"夫处穷闾陋巷,困窘织屦,槁项黄馘者,商之所短也;一悟万乘之主而从车百乘者,商之所长也。"

庄子曰:"秦王有病召医。破痈溃痤者得车一乘,舐痔者得车五乘,所治愈下,得车愈多。子岂治其痔邪?何得车之多也?子行矣!"(《列御寇》)

不为物思

有个说客,由于游说宋襄公取得成功,得到了十辆车马的奖励,于是这人便在庄子面前炫耀起来,然而,庄子却不把他的成功当回事,只是轻蔑地对那人说:

"我听说河上住了一户贫苦的人家,靠编织芦苇卖点钱过日子。有一天,这家人当中有个儿子潜入水深之处,得到了价值千金的龙珠。可是,他的父亲却对儿子说:'拿石头来把它砸了!这么珍贵的龙珠,一定存在于九重深渊的骊龙颔下,你能把它拿走,肯定是骊龙睡着了。假使那骊龙醒了,你恐怕要被它吃得连骨头渣都不剩了。'如今宋国的'水深',哪里是九重深渊可以比的!而宋王的凶猛,又哪里是骊龙比的!你能得到这么多的车辆,也一定是遇到宋王睡着了;要是他醒了,你便得粉身碎骨!"

儿子得了宝贝,父亲并不高兴,而是立刻意识到危险,看来这个靠编芦苇过日子的父亲还真不糊涂。不过,庄子拿这典故引申到得车十辆的宋人身上,就又多了些深意。你能从君王那里得到宠信,难辞"忽悠"的嫌疑。你从哪里得意,也将从哪里失意;你自以为得意,岂不知危险的事情正等着你。

这段故事类似宋国曹商的故事,曹商得了千乘的车辆,在庄子面前炫耀,庄子拿舔痔疮的故事打发了他。对待曹商和这个得十辆车的宋人,庄子都是轻蔑的态度,只是对待曹商,庄子以得财富的下贱方式论处他;对待这个得十辆车的宋人,庄子以危殆论对待他。人说"别得意得太早",又说"伴君如伴虎",还说"苛政猛于虎",绝非虚言。

原文参考

人有见宋王者,锡车十乘。以其十乘骄稚庄子。庄子曰:"河上有家贫恃纬萧而食者,其子没于渊,得千金之珠。其父谓其子曰:'取石来锻之!夫千金之珠,必在九重之渊而骊龙颔下。子能得珠者,必遭其睡也。使骊龙而寤,子尚奚微之有哉!'今宋国之深,非直九重之渊也;宋王之猛,非直骊龙也。子能得车者,必遭其睡也;使宋王而寤,子为齑粉夫。"(《列御寇》)

游于道德之境

一日,庄子走进山里游玩,看到了一棵大树,枝叶繁茂,可是砍树的人们走过它的跟前却没有砍它。庄子觉得蹊跷,就向伐树的人问其缘故,人们回答:

"那树没有什么用处。"

庄子对此感叹:

"这树因为没有什么用处,才得以享受天年啊!"

庄子从山里出来,在一个老朋友家里住了下来。见是庄子来了,主人很是欢喜,叫家童杀鹅,烹了以款待庄子。家童问主人:

"一只鹅能鸣叫,另一只不能鸣叫,杀哪一只?"

"杀那只不能鸣叫的。"主人十分地肯定。

第二天,庄子的弟子们觉出其中的问题,向庄子问道:

"昨天山里面的树,因为没有用处而能够享受天年;今天主人的鹅,因为没有用处而被杀了。先生会怎么选择?"

听了弟子的诘难,庄子笑了:

"如若我必须选择的话,我将选择在有用与无用之间。有用与无用之间,这好像是不靠近任何一边,接近于道,其实还是没有摆脱牵累。要是乘道德而浮游于世就不同了,没有名誉,没有诋毁,可以像蛇那样逶迤,也可以像龙那样飞扬,跟随时事而迁移变化,不会固执一端。随时上下,以和畅为等量,游心于道的境界,主宰事物而不被事物所主宰,如果这样的话,哪里还有牵累啊!这正是神农、黄帝做事所遵行的法则。如果是世俗社会里的事事物物,以及人伦相传的习俗就不是这样的了,你想要合,别人就要想法拆散你;你成功了,就有人要诋毁你;你要清廉,别人就设法挫辱你;你尊贵了,就有人议疑你;你有了作为,同时也就有了亏损;你要是贤明了,就有人在算计你;你要是没有能耐呢,又有人要欺负你。哪里能够使你如愿呢?悲哀啊!徒儿们记住了,只有'道德之乡'才是最好的地方!"

庄子在一天当中遇到了两件事情,这两件事情是如此的不同,以至于他的徒儿们都察觉到其中的悖论,这倒是给庄子出了一道难题。

庄子破解这道难题的思路颇有趣。他先是说在不得已的情形下,他只能选择"有用与无用之间",因为选择任何一方都会使自己陷入难以自圆其说的境地。可是,他又补充说,这个选择似乎可以圆自己的场,但是并没有摆脱违逆其间的尴尬,中间路线其实不免忽左忽右的,你自己并没有能力驾驭左右。

如何才能出脱得利索呢？庄子说要"乘道德以浮游"，"乘道德"其实就是追求"道德"，内心有了"道德"，才会无誉无毁，可以透迤，可以飞扬，一句话：主宰事物而不被事物所主宰。当然，这个道德不是人伦社会的道德，而是天地道德。

接下来，庄子列举出人间社会种种龌龊的事情，也就是说，无论你怎么做，都不能如愿，你的所有愿望总被别人抵消了，而你在任何情况下都会有对头冤家，诸如，你富贵了，有人仇富；你贫穷了，又有人嫌贫。所以，只有游于道德境界，才是好的去处。

原文参考

庄子行于山中，见大木，枝叶盛茂。伐木者止其旁而不取也。问其故，曰："无所可用。"庄子曰："此木以不材得终其天年。"

夫子出于山，舍于故人之家。故人喜，命竖子杀雁而烹之。竖子请曰："其一能鸣，其一不能鸣，请奚杀？"主人曰："杀不能鸣者。"

明日，弟子问于庄子曰："昨日山中之木，以不材得终其天年；今主人之雁，以不材死。先生将何处？"

庄子笑曰："周将处乎材与不材之间。材与不材之间，似之而非也，故未免乎累。若夫乘道德而浮游则不然，无誉无誉,一龙一蛇,与时俱化,而无肯专为。一上一下,以和为量,浮游乎万物之祖。物物而不物于物,则胡可得而累邪!此神农、黄帝之法则也。若夫万物之情,人伦之传,则不然。合则离,成则毁,廉则挫,尊则议,有为则亏,贤则谋,不肖则欺。胡可得而必乎哉!悲夫,弟子志之,其唯道德之乡乎!"(《山木》)

二　理想人格

超越世俗

尧已经将天下治理好了,四海之内都愿意臣服于他,可是,当他到了一座叫作藐姑射的山上①和汾水的北面,见到了四位人物之后,他就对治天下索然无味了,只见他恍恍惚惚,若思若求,好像他根本不是一个天子一样。这四个人究竟是什么人呢?庄子借肩吾与连叔的对话,②描绘出了这四个人的行状:

"他们的肌肤如冰雪一般晶莹,身体柔弱的样子像小孩儿,不食五谷,只靠吸风饮露就够了。他们出行的时候,承载了云气,驾御了飞龙,远游于四海之外。在他们的凝神之间,就可以使万物不生病,五谷稔熟。天下大旱,金石都热成了流体,而他们却不会感到热;水涝的时候,天下都浸泡在水里了,他们连衣服都不会沾湿。"

---

① 藐姑射山,据说是远在北海的山。
② 肩吾,泰山神的名字。连叔,与孔子同时的楚国人,佯狂不仕,只专心于耕地种田。

怎么在凝神之间使得五谷稔熟的呢？在《应帝王》中，庄子这样写道：

"至人用心像一面镜子那样，对待万物不有意送走，也不有意迎接，事情来了就及时反应，而不有心藏匿，所以，他能够掌握事物，却不会伤害事物。"

这四个人，据说就是王倪、齧缺、被衣、许由，其中许由的老师为齧缺，齧缺的老师为王倪，王倪的老师为被衣。

尧既然对治天下没有了兴趣，他又将作何打算呢？尧找到许由，恭敬地对他说：

"日月都已经出来了，可是有人还不肯熄灭火把，要与日月比光辉，那不是难为他了么！应时的雨已经降下来了，却有人还要继续灌溉，要与时雨比灌溉作用，那他不是太累了么！先生立为天下之主，那么天下就可以太平了，而我还要占据君主的位子，看来我做君主很不够格。请接受天下吧！"

不料许由回答说：

"您治理天下，天下已经太平了，可我还要代替您，那么我是为了名吗？'名'只是'实'的宾从，我是要为宾从吗？您没看见那种叫作鹪鹩的小鸟么，它看到满山的树林，恨不得把那里都造成自己的窝，结果也就是占据了一棵树的枝头而已；再看那鼹鼠，它口渴了，看到了河流，恨不得把那河水全都饮了进去，结果也才喝了一肚子水而已。回去吧，我的君主，天下对我一点用处也没有。虽然厨师不肯做厨房的事情，但负责祭祀的尸祝也不会越过樽、俎而代替厨师啊!"①

尧为何见到了王倪、许由、齧缺和被衣之后,对做君主没有了兴趣呢?大概是为他们超越世俗,过自在与自由的生活,也为他们可以做天下人所做不到的事情而感动,尧也想做他们那样的人。

可是当尧请求许由替代自己做君主的时候,他没有想到许由会拒绝。他本以为君主是世间最尊贵的位置,没有人不想做君主的;而自己作为君主却能主动让出位子给更贤能的人去做,许由又是最堪当这个重任的人。不料许由完全不是从世俗的角度考虑问题,彼此没有谈出结果。但是,这场世间与超世间的对话,充满了智慧。一口气创造了三个典故:爝火与时雨、鹪鹩与鼹鼠、越樽代庖。

尧的话很诚恳,他有自知之明,与贤明的许由相比,他意识到自己的不足;尧的话也很谦卑,是面对高尚的那种谦卑。

许由的话率直真实,既然不是为了名,那又何必去享受别人已经治理好的天下呢!既然天下并不需要人治理,那自己除了基本的生活需求,还能有鹪鹩和鼹鼠那样的贪念么!自然,许由把自己比作了尸祝,把尧比作了厨师,他也是清高的。

尧和许由的智慧,其实还是庄子的智慧,问题是他预设的,答案也是他提供的,只是让尧和许由二人去说而已。

---

① 樽,祭祀的酒器。俎,祭祀时盛牛羊肉的礼器。

原文参考

尧让天下于许由，曰："日月出矣，而爝火不息，其于光也，不亦难乎！时雨降矣，而犹浸灌，其于泽也，不亦劳乎！夫子立而天下治，而我犹尸之，吾自视缺然。请致天下。"

许由曰："子治天下，天下既已治也，而我犹代子，吾将为名乎？名者，实之宾也，吾将为宾乎？鹪鹩巢于深林，不过一枝；偃鼠饮河，不过满腹。归休乎君，予无所用天下为！庖人虽不治庖，尸祝不越樽俎而代之矣。"

肩吾问于连叔曰："吾闻言于接舆，大而无当，往而不返。吾惊怖其言犹河汉而无极也，大有径庭，不近人情焉。"

连叔曰："其言谓何哉？"

"曰：'藐姑射之山，有神人居焉。肌肤若冰雪，绰约若处子；不食五谷，吸风饮露；乘云气，御飞龙，而游乎四海之外；其神凝，使物不疵疠而年谷熟。'吾是以狂而不信也。"

连叔曰："然，瞽者无以与乎文章之观，聋者无以与乎钟鼓之声。岂唯形骸有聋盲哉？夫知亦有之。是其言也，犹时女也。之人也，之德也，将磅礴万物以为一，世蕲乎乱，孰弊弊焉以天下为事！之人也，物莫之伤，大浸稽天而不溺，大旱金石流、土山焦而不热。是其尘垢秕糠，将犹陶铸尧舜者也，孰肯

以物为事!"(《逍遥游》)

至人之用心若镜,不将不迎,应而不藏,故能胜物而不伤。(《逍遥游》)

忘我、无名

在《庄子》三十三篇中,数十次谈到了理想的人格:至人、神人、圣人。这些理想中的人格,究竟有什么样的能耐呢?

《逍遥游》里面说起,人们要出游了,要依出游的远近准备干粮,而列子出游却不需要准备干粮,他只需要风就行了,驾御着风可以云游四海之内。① 庄子评论他说:

"虽然他能够免于行走,但是他还是要有所依待。"

就是说他要依靠风,要是不起风,他就不能远游。庄子接着说:

"要是乘着天地的本色,掌握六气的变化,可游于无穷远的地方,那么还需要什么依待呢!所以说:至人没有自我,神人没有功劳,圣人没有名声。"

---

① 列子,名御寇,传说中的仙人,曾师事壶子、伯昏无人等,《庄子》有"列御寇"篇。后来又有《列子》一书,实为后人所作。

这是理想人格对待自我、功名的态度。虽然都是理想人格，但其间也有些许的差异。没有自我，是消除了私我，解除了个人的桎梏，只有一个与天地同体的大我存在；没有功劳，是不寻求建立功劳簿，即便立了功，也把它忘掉；没有名声，是不追逐个人的声望与名誉。依照习语"太上有其德，其次有立功，其次有立言"的阶次，至人境界最高，神人次之，圣人又次之。

在《天下》里，又作了这样的一个叙述：

"不与精纯相分离，叫作神人。不与真实相分离，叫作至人。以天为宗祖，以德为根本，以道为门户，能预知万物的变化，叫作圣人。"

这里的神人、至人与圣人又没有高下的区分了，只是各自显露个性而已。

至人、神人与圣人是否有超人的神迹呢？在《齐物论》里，庄子借王倪与啮缺的对话，继续作了描述。啮缺问：

"您不知道个人的利害，那么至人是不是根本不知道利害？"

王倪回答：

"至人很神妙啊，大草泽都燃烧起来了，也不能使他感到热；黄河、汉水都封冻了，也不能使他感到冷；雷电震破了山岗，狂风摇荡了大海，也不能使他感到惊惧。像他这样的呀，可以乘了云气，骑了日月，远游于四海之外，生死都不能使他本身发生改变，何况利害关系呢！"

至人、神人、圣人不知常人的利害，是他们具有超于常人的能力，这些利害都奈何不得他们，连生死都不能使他们怎么样，还有什么可以让他们害怕的呢！在"尧让天下"的故事里，描写的藐姑射山上的那四个人，岁月久暂，似乎都与他们无关，他们仍然如弱小的孩子那么娇嫩鲜活，也就是超越了生死。

原文参考

夫列子御风而行，泠然善也，旬有五日而后反。彼于致福者，未数数然也。此虽免乎行，犹有所待者也。若夫乘天地之正，而御六气之辩，以游无穷者，彼且恶乎待哉！故曰：至人无己，神人无功，圣人无名。（《逍遥游》）

不离于宗，谓之天人；不离于精，谓之神人；不离于真，谓之至人。以天为宗，以德为本，以道为门，兆于变化，谓之圣人。……（《天下》）

啮缺曰："子不知利害，则至人固不知利害乎？"

王倪曰："至人神矣！大泽焚而不能热，河汉沍而不能寒，疾雷破山、飘风振海而不能惊。若然者，乘云气，骑日月，而游乎四海之外，死生无变于己，而况利害之端乎！"（《齐物论》）

敬畏天地

真人大概比至人、神人、圣人稍低一个阶次。在《大宗师》里,庄子说出了他心目中的真人:

"有真人,然后有真知。"

"真知",相当于我们当今所说的"真理",那么真人就是掌握了真理的人了。接下来,庄子开始描述真人了:

古代的真人,不违逆自己所处的少数人的位置,不以自己的成功而逞强,不用心思谋事情。如此,事情有了过错不会反悔,事情做得当了也不会得意。如此,登上高处不会感到战栗,进入水里不会打湿衣服,跳进火里也不会灼伤。像这样的人,我们知道他能够达到道的境界。

古代的真人,他睡觉的时候不做梦,他醒了不会为世事的艰辛而忧愁,他吃东西不求美味,他的呼吸很深沉。真人的呼吸用脚跟,常人呼吸用喉咙。

古代的真人，不会因为活着而兴奋，也不会因为要死而厌恶。他的生命诞生了，他不特别地欢喜；他将要死了，也不会抗拒。自然自在地来，自然自在地走罢了。不忘记生命怎么来的，也不祈求结束生命。得到天道给予的生命，就欣然接受；生命丧失了，就潇洒地回归于天道。这就叫作不以心智捐弃道，也不以人为助推天，而这样的人就是真人。像这样的人，他用心专一，他容貌寂静，他的额头端严而娴雅。他的凄冷像秋天，他的温和像春天，喜怒哀乐都与四时相同，有益于万物而不知有终极。

古代的真人，他的行为与他人处得来，却不会与人结为朋党；他冲虚不足，却不必承受；他遨游独化，却并不固执；他虚怀广大，却不浮华；他和畅的样子像是喜悦，他动态的样子似乎从不停息，他温润和蔼的样子使我喜形于色，他动而常寂的样子使我心性归服。辽阔啊，无边无际；高远啊，未可限量；绵邈啊，似十分的宽闲；无心啊，似乎忘了语言。真人以刑法为本体，以礼乐为翅膀，以智慧应对时变，以德性为俯顺。以刑法为本体，就会宽绰地执行肃杀；以礼乐为翅膀，所以能够通行于时俗；以智慧应对时变，就可以见机而行事；以德性为俯顺，则实行起来如同有足的人走上山丘一样容易，而世人却以为要历经艰难才能到达。喜欢的与不喜欢的，他都同样看待；相同的把它们看成同一，不相同的也对它们相同看待。看作相同的是与天为同类；看作不相同的是与凡人为同类。理解了天与人不相战胜，就是真人。

为何庄子要说先有真人,然后才有真知呢?

在庄子看来,一般人只会抓住真理的某些"碎片",却永远也不会把握真理,只有真人这样的人,才可能把握真理。而真人并不只是智识超人,更是他对待生活、生命及其社会的超然态度,也就是说,只有具备超然的态度,才是领悟真理的关键。所以,先得有这样的人,才能有真知。这无疑是给悟得真理的人设置了门槛,不是谁都可以进得去。依照庄子的看法,真知只能是少数人能够把握的,而且,能够把握真知的真人总是处在不利的少数人的位置,从而,真人才从不违逆这样的处境。

真人与至人、神人、圣人有何区别呢?

庄子的描述,给了我们真人与至人、神人和圣人相类似的印象,只是在程度上有差别,真人与至人做着类似的事情,却没有至人那么大的能耐,影响和作用小些,至人、神人、圣人能在凝神之间使得万物不生病、五谷稔熟,而真人只能喜怒哀乐同于四时。真人视死如生,却不会像至人、神人、圣人那样不死不生,永远像个没长大的小孩。至人、神人、圣人似乎并不生活在凡俗的世界,而真人却要生活在其中,并且他们还要执行人间社会的诸多责任,诸如刑法、礼乐、智慧、德性等等。

为何庄子要以天人关系来定义真人呢?

这是最意味深长的了。真人能够把万物看成是齐同无差,却也能够宽容世人的等差,只轻轻地抹去彼此差异而已,因为这是一个世俗与超世俗的区别。世俗看来一切都是差异,超世俗看来一切没有差异。只不过，世俗的人们容易把自己的意见放大了，以为人可以胜天。所以，庄子这才把真人的最大能耐定义为知道天与人不相胜。进一步说，人在天面前不得妄自称大，不得狂妄，而应该敬畏。

原文参考

　　知天之所为，知人之所为者，至矣！知天之所为者，天而生也；知人之所为者，以其知之所知以养其知之所不知，终其天年而不中道夭者，是知之盛也。虽然，有患：夫知有所待而后当，其所待者特未定也。庸讵知吾所谓天之非人乎？所谓人之非天乎？且有真人而后有真知。

　　何谓真人？古之真人，不逆寡，不雄成，不谟士。若然者，过而弗悔，当而不自得也。若然者，登高不栗，入水不濡，入火不热，是知之能登假于道者也若此。

　　古之真人，其寝不梦，其觉无忧，其食不甘，其息深深。真人之息以踵，众人之息以喉。屈服者，其嗌言若哇。其耆欲深者，其天机浅。

　　古之真人，不知说生，不知恶死。其出不䜣，其入不距。翛然而往，翛然而来而已矣。不忘其所始，不求其所终。受而喜之，忘而复之，是之谓不以心捐道，不以人助天，是之谓真人。若然者，其心志，其容寂，其颡頯。凄然似秋，暖然似春，喜怒通四时，与物有宜而莫知其极。故圣人之用兵也，亡国而不失人心。利泽施乎万世，不为爱人。故乐通物，非圣人也；有亲，非仁也；天时，非贤也；利害不通，非君子也；行名失己，非士也；亡身不真，非役人也。若狐不偕、务光、伯夷、叔齐、箕子、胥余、纪他、申徒狄，是役人之役，适人之适，而不自适其适者也。

古之真人，其状义而不朋，若不足而不承；与乎其觚而不坚也，张乎其虚而不华也；邴邴乎其似喜也，崔崔乎其不得已也，滀乎进我色也，与乎止我德也，广乎其似世也，警乎其未可制也，连乎其似好闭也，悗乎忘其言也。以刑为体，以礼为翼，以知为时，以德为循。以刑为体者，绰乎其杀也；以礼为翼者，所以行于世也；以知为时者，不得已于事也；以德为循者，言其与有足者至于丘也，而人真以为勤行者也。故其好之也一，其弗好之也一。其一也一，其不一也一。其一与天为徒，其不一与人为徒，天与人不相胜也，是之谓真人。（《大宗师》）

无私、淳朴

理想人格中，除了至人、神人、圣人、真人，还有德人。在《天地》中，谆芒与苑风的对话谈到了德人。谆芒问道：

"请问什么是德人？"

苑风回答说：

"德人，就是安居而无所思，行走而无所虑，内心不藏是非、善恶。四海之内，所有的事物都得到了利益，就是他的喜悦；都得到供给，就是他的安心。他惆怅起来，像婴儿失去了母亲一样；他恍惚起来，像旅途迷了路一样。他的财物用不完，却不知道从哪里来的；他饮食充足，也不知道从哪里得到的。这就是德人的容貌。"

德人之所以无思虑，是因为他活得自在、宽闲，对待是非、善恶不予计较，总以宽容的态度处置；德人之所以喜悦常生、安心居静，在于他的无私，天下的人和事都得到了惠顾，正是他的愿望；德人之所以惆怅、恍惚，是因为他也是人，他有惆怅、恍惚的时候，只是他很率真，绝无矫饰造作；德人之所以用不完、吃不尽，并非他家藏万金，而在于他生活简单，用度不繁。

只是在这里，"德"重点突出在无私和淳朴上面，而不是体现在恪守亲亲、尊尊的伦理上面。在《德充符》中，有鲁哀公与孔子的一段对话，鲁哀公问：

"什么是德不显形？"

孔子答道：

"德是使事得以成就、物得以和顺的修养。正是由于德不显现在外表，所以万物都不离开它。就像平静的水，它保持了里面的清明，外面才不波荡。"

鲁哀公听了孔子的这番教诲，深有感触，过了些天，他对孔子的弟子闵子说：

"过去，我以为自己达到了明智，现在我知道了自己有名无实。我与孔丘不是一般的君臣关系，而是德友关系。"

孔子的教诲真切，鲁哀公的态度诚恳，只不过，这是庄子笔下的孔子和鲁哀公，孔子所坚守的是庄子的德性，鲁哀公也是他笔下一个虔诚的听者，所以，"德友"也是道家式的。

原文参考

"愿闻德人。"

曰:"德人者,居无思,行无虑,不藏是非美恶。四海之内共利之之谓悦,共给之之谓安。怊乎若婴儿之失其母也,傥乎若行而失其道也。财用有余而不知其所自来,饮食取足而不知其所从,此谓德人之容。"(《天地》)

"何谓德不形?"

曰:"平者,水停之盛也。其可以为法也,内保之而外不荡也。德者,成和之修也。德不形者,物不能离也。"

哀公异日以告闵子曰:"始也吾以南面而君天下,执民之纪而忧其死,吾自以为至通矣。今吾闻至人之言,恐吾无其实,轻用吾身而亡吾国。吾与孔丘非君臣也,德友而已矣!"(《德充符》)

三 道德境界

| 见善思过

申徒嘉是缺了一只脚的残疾人,他却与郑国著名的政治家子产同在伯昏无人门下学习,这让子产有点接受不了,他不想与这个形体不全的人同进同出,于是,他就对申徒嘉说:

"我要是先出去呢,你就留在后面;你要是先出去呢,我就留在后面。"

过了一天,这二人又同席而坐了,看申徒嘉没有把他昨天讲的话当回事,子产想强调一下,又对申徒嘉说:

"我先出去你就留在后面,你先出去我就留在后面。现在我要出去了,你可以留在后面吗?还是不能?你见到当朝执政者都不回避,那么你是想把自己与执政者相提并论么?"

见到子产很当真,申徒嘉这才正面回答子产的话:

"先生的门下固然有你这样的政要进出,看来你很得意于自己当政者的身份而看不起别人。不过,我听过这样的话:'镜子明亮,则无尘染,有尘染,就说明镜子不明亮。与贤明的人相处久了,自己就会无过错。'如今你到这里来无非是想学先生,你竟然说出这样的话,不是过分了吗?"

听了申徒嘉的话,子产还是不以为然,说:

"你已经是这个样子了,却还要与帝尧这样圣明的人论长短,打量一下你自己的品德,难道不该自我反省一下吗?"

这里的品德,并非指人的德性如何,而是说某人的品格、相貌如何,如同有人看到一个长得俊俏的男孩,会对着这男孩的父母夸奖说:"这孩子好品格。"

看到子产如此固执,申徒嘉觉得有必要把话说得尖锐些:"自我描述所犯的罪而认为不应该遭受刖脚的惩罚,这样的人多;自我描述所犯的罪而认为自己的脚理当遭受刖脚的惩罚,这样的人少。知道这是无可奈何的事情而把它看成是天命的安排,这只是有德的人才能做得到。谁要是跑进了神射手羿的射程中间,却没有被羿射中,这也算他的运气了。人们大多以自己的脚齐全而笑我脚的不齐全,我当时怒气冲天,跑到先生那里去了,可等我从先生那里回来的时候,就怒气消尽的样子了。我不知道是先生以善洗刷了我,还是我自己醒悟了。我与先生游学已经十九年了,从来就没觉得自己是个残缺的人。如今,我与你以形骸之内交友,而你却在形骸之外要求我,这是不是过分了?"

子产在听这话的时候,越发不安,越发惭愧。等到申徒嘉一说完,子产一改刚才那副盛气凌人的样子,虔敬地说:

"你别再那么说了!"

申徒嘉两次说子产"是不是过分了",终于说服子产,让子产醒悟到了自己的过错。子产本是春秋时期郑国的宰相、著名的政治家,一个小小的郑国在他的治理下,也能在大国中间自由周旋,安定若泰,其中最为知名的故事便是"子产不毁乡校",郑国的统治者们讨厌百姓在类似说书喝茶的地方(乡校)品评国家的大政方针,想要毁掉它们,子产以"防人之口,甚于防川"的道理,说服了国君及其左右臣,开放言论,让百姓自由地评价朝政的得失,赢得了人民的拥护和尊重,从而政通人和。① 可是,子产可能在个人修养方面有弱点,比如好面子,瞧不起人,如果子产是一个普通的人物,这弱点便不成什么大碍,但是,处于宰相位置的他,这弱点若被"聚焦",放大开来,就会是国家政治生活中的一个大问题。申徒嘉正是抓住子产的这个弱点,层层剥开;而子产也的确能够自我反省、修正、完善自我。

俗话说:"近朱者赤,近墨者黑。"古人都很讲究"交友",交的朋友好,自己也会跟着变好,交的朋友不好,自己也会跟着学坏。一个善于自我反省的人,却可以在交友的过程中,见善思迁,见不善思过,从而不断地完善自己。申徒嘉所用的说话方式是有趣的:难道与先生这样贤明的人相处,还不能使你变好吗?

---

① 《左传.襄公》:"郑人游于乡校,以论执政。然明谓子产曰:毁乡校,何如?子产曰:何为? 夫人朝夕退而游焉,以论执政之善否。其所善者,吾则行之;其所恶者,吾则改之。是吾师也,若之何毁之? 我闻忠善以损怨,不闻作威以防怨。岂不遽止? 然犹防川,大决所犯,伤人必多,吾不克救也。不如小决使道,不如吾闻而药之也。"

原文参考

申徒嘉，兀者也，而与郑子产同师于伯昏无人。子产谓申徒嘉曰："我先出则子止，子先出则我止。"其明日，又与合堂同席而坐。

子产谓申徒嘉曰："我先出则子止，子先出则我止。今我将出，子可以止乎？其未邪？且子见执政而不违，子齐执政乎？"

申徒嘉曰："先生之门固有执政焉如此哉？子而说子之执政而后人者也。闻之曰：'鉴明则尘垢不止，止则不明也。久与贤人处则无过。'今子之所取大者，先生也，而犹出言若是，不亦过乎！"

子产曰："子既若是矣，犹与尧争善。计子之德，不足以自反邪？"

申徒嘉曰："自状其过以不当亡者众；不状其过以不当存者寡。知不可奈何而安之若命，唯有德者能之。游于羿之彀中。中央者，中地也；然而不中者，命也。人以其全足笑吾不全足者众矣，我怫然而怒，而适先生之所，则废然而反。不知先生之洗我以善邪？吾之自寐邪？吾与夫子游十九年，而未尝知吾兀者也。今子与我游于形骸之内，而子索我于形骸之外，不亦过乎！"

子产蹴然改容更貌曰："子无乃称！"（《德充符》）

德性不显

春秋时期,鲁国最后的一个君主鲁哀公有一天对孔子谈起一件自以为奇怪的事:听说一个叫作哀骀它的人,形貌丑陋无比,可就是这么个人,男人与他相处了,都不肯离开他;女人见了他,就回去与父母请求说:与其嫁给别人为妻,宁肯给他做妾。父母不肯,女子便十数次地哀求父母准许。其实,这人不曾著立学说,还常常附和别人,他没有君主的权位,却能济生度死;没有俸禄爵位,却能使人肚子饱食;况且还以丑陋闻名天下。再看他的智识,不过常人,却能使男男女女的都跟随了。哀公说:

"我想啊,他一定有超乎常人的地方。于是就召见了他。果然那丑陋的样子能吓到人。可是,与我相处不到一个月,我就有些欣赏他的为人了;不到一年,我就信任了他。恰好国家宰相空缺,我就下令他做宰相。然而,他接到这个任命,好像并不高兴应诺,那淡漠的样子似乎想要拒绝这个任命。当下,我感到了羞辱,便勉强要他接受了相国的职位。可是,没几天他就离我而去了。我呀,为此忧虑到失了魂似的,感到再也没有人乐意与我共同治理这个国家了。这到底是个什么样的人啊?"

孔子回答道:

"我曾经出使楚国,恰好见到了一群猪仔围在死了的母猪身边吃奶,不一会儿,那些猪仔彼此神色惊慌的样子,丢下那母猪四散开去,原来,小猪仔们是因为那死了的母猪不像平常那样看着它们了,也不像活着的时候的那个神情了。看来,猪仔们爱的不是母猪的形体,爱的是母猪的神情。在战场上战死的人,埋葬他们的时候不用饰物陪葬;受了刖脚之刑的人,无法让他喜欢鞋。因为用来装饰的本体都不存在了。……这个哀骀它未言语就使人信服,没有功劳就令人亲和,还使得人愿意把国家的权柄授予他,且生怕他不接受。看来,这必定是一个才性全而德性不显的人!"

"什么是才性全?"哀公追问。

孔子回答:

"死生、存亡、穷达、贫富、贤与不肖、毁誉、饥渴、寒暑,都是事情的自然变化,是天命的流行,日夜相互替代,人的智识是无法看清它们什么时候开始的。如此,不让这些事情扰乱自己的和顺,不让它们进入自己的内心,使自己保持和畅逸乐,穷通万物的变化而内心不失和悦,而且,使日月交替不出现任何间隙,不管什么样的事情,都视若春机盎然。这就是与外物相接而心生四季变化。这就叫作才性全。"

"什么是德性不显?"

"平静是水的极盛状态,可以作为取法的准则,内保其清明而外不波荡。德性,就是完成和顺的修养。德性不显,所以事物与之和顺而不离。"

另一天,鲁哀公与孔子的弟子闵子骞谈起这件事,感叹道:

"过去,我以自己君临天下,执掌百姓的纲纪而为他们的生死而忧劳,我还自以为精通治国之道。如今,我听到了至人的一番话,才意识到自己其实不懂得如何治国,这才轻率对待国家事务而终究丧了国。我与孔丘不是君臣关系,是'德友'关系。"

才性是指人处理与平衡事物的见识与能力。悦生恶死、求存救亡、嫌贫爱富、喜誉惧毁,这些本是人之常情,谁遇到这些事都难以洒脱,如果不是有很高的见识,不可能对其有深刻的洞察,也不可能在内心就把它们摆平了。庄子提出了一个达观的见识,把它们都看作是自然更替的变化,且不让这些东西扰乱了自己内心的平静与和悦。

德性是指人完成的修养。如果不是德性修养,那些扰乱人性的东西即便当下处理妥善了,却不见得能够持久。只有养成了德性,才有稳定一贯的态度,恰如清明是德性,水是才性,德性清明了,水才不会波荡。

德性不显又是另一层境界。有了德性,还有个愿不愿意显露的问题。德性养得越是深厚，就越不显露，如水的清明越是深厚，就越不易波荡。在庄子眼里，那些有德之人都不显山露水，甚至形体残缺，乍看起来，无才无德，却不知被褐怀玉，可做圣王师，诸如许由、渔父、申徒嘉、哀骀它等等，所以，庄子才形象地拿了一个形体与德性的"支离"说出他心里的道理。

只可惜，在世俗社会里，人们通常难以忘掉外在的东西，如形体残缺，或者相貌丑陋，却忘掉了他们具有的高尚的德性，对这种情形，庄子说：

"人们忘掉了有德之人不曾忘掉的东西，却不忘有德之人忘掉的东西，这就叫作'诚忘'。"

有德之人不曾忘掉的东西是什么呢？正是德性的追求。而有德之人忘掉的又是什么呢？那就是死生、存亡、贵贱、贫富，乃至形体的美丑。

原文参考

鲁哀公问于仲尼曰："卫有恶人焉，曰哀骀它。丈夫与之处者，思而不能去也；妇人见之，请于父母曰：'与为人妻，宁为夫子妾'者，数十而未止也。未尝有闻其唱者也，常和人而已矣。无君人之位以济乎人之死，无聚禄以望人之腹，又以恶骇天下，和而不唱，知不出乎四域，且而雌雄合乎前，是必有异乎人者也。寡人召而观之，果以恶骇天下。与寡人处，不至以月数，而寡人有意乎其为人也；不至乎期年，而寡人信之。国无宰,而寡人传国焉。闷然而后应,氾若辞。寡人丑乎,卒授之国。无几何也,去寡人而行。寡人恤焉若有亡也,若无与乐是国也。是何人者也!"

仲尼曰:"丘也尝使于楚矣,适见㹠子食于其死母者。少焉眴若,皆弃之而走。不见己焉尔,不得其类焉尔。所爱其母者,非爱其形也,爱使其形者也。战而死者,其人之葬也不以翣资;刖者之屦,无为爱之。皆无其本矣。为天子之诸御:不爪翦,不穿耳;取妻者止于外,不得复使。形全犹足以为尔,而况全德之人乎!今哀骀它未言而信,无功而亲,使人授己国,唯恐其不受也,是必才全而德不形者也。"

哀公曰:"何谓才全?"

仲尼曰:"死生存亡、穷达贫富、贤与不肖、毁誉、饥渴、寒暑,是事之变、命之行也。日夜相代乎前,而知不能规乎其始者也。故不足以滑和,不可入于灵府。使之和豫,通而不失于兑。使日夜无郤,而与物为春,是接而生时于心者也。是之谓才全。"

"何谓德不形?"

曰:"平者,水停之盛也。其可以为法也,内保之而外不荡也。德者,成和之修也。德不形者,物不能离也。"

哀公异日以告闵子曰:"始也吾以南面而君天下,执民之纪而忧其死,吾自以为至通矣。今吾闻至人之言,恐吾无其实,轻用吾身而亡其国。吾与孔丘非君臣也,德友而已矣!"

(《德充符》)

休影息迹[①]

《渔父》篇中记述了孔子与撑船的渔父的一段交往故事。

有一天,在湖岸的杏坛,孔子的弟子们读书,孔子则在弹琴吟唱。曲子弹了一半,只见一个打渔的人下了船,走了过来。这人胡须与眉毛都白了,披着长发,卷起了衣袖,到了杏坛跟前停下来,左手按着膝盖,右手撑着面颊,用心听了起来。曲子弹完了,子贡和子路二人走过来招呼这客人。客人指着孔子问:

"那是什么人?"

子路回答:

"那是鲁国的君子啊!"

"请问尊姓?"

"姓孔。"

[①] 据说,渔父是越国名相范蠡,他辅佐越王勾践打败吴王夫差,之后改名渔父,乘渔舟,泛游三江五湖。

"孔氏做些什么?"

子路没有回答,子贡对答道:

"心尚忠信,身行仁义,修饰礼乐,制定人伦的准则。对上忠于君主,对下教化平民,将能够有利天下人。这就是孔氏做的事情。"

"是拥有土地的君主吗?"客人又问。

"不是的。"

"那么是辅佐王侯的将相吗?"

"也不是的。"

客人听完笑了笑,然后往回走,说:

"仁义倒是仁义,只是恐怕要身受其累了,劳心伤身而危害其本真。哎呀,这对于他所要追求的道来说,恐怕是越行越远了哟!"

子贡与子路回去把会见客人的情形向孔子汇报了,孔子立刻推开了琴,站起来说:

"那是圣人吗?"

说完就追到河畔,那渔父正用木桨撑开了船,准备离开,他回头看到了赶来的孔子,就转过身来面对着孔子。孔子则反身而行叩拜之礼。客人问孔子:

"您有什么要求?"

"刚才先生说了才开头的话就走了,孔丘只是不肖之才,没有理解其中的奥妙,我甘愿做一个倾听者,有幸能够听到您咳唾之声,也足以帮助孔丘了。"

客人见孔子如此谦恭,笑了:

"哈!您还很好学呢!"

孔子再拜而起,说:

"孔丘少年开始求学,至今已经六十九岁了,还没有听到最好的学问,哪敢不虚心啊!"

"同类的人相跟随,同类的声音相应合,这是天理。让我来说说我所知道的,看能否解决您的问题吧。先生关心的是人事,我们且说一说人事方面的事吧。天子、诸侯、大夫、庶人,这四个方面各自能归于正位,那就是人事治理之美了。而四个方面如果离了正位,就要大乱了。如果做官的能够各自掌管好自己的职责,人们各自为理当忧虑的事情而忧虑,就不会发生凌乱的事情了。所以呀,有庶人之忧、大夫之忧、诸侯之忧和天子之忧。可是,您上没有君主、诸侯的权势,下没有大臣的官职,而您却在自个修饰礼乐,制定人伦,以图教化民众,不是太多事了么?再说,人有摠、佞、谄、谀、谗、贼、慝、险八种毛病①,又有叨、贪、很、矜四种祸患②。人若能够除去八种毛病、四种祸患,才可以教化。"

---

① 不该知道的事情,勉强寻求知道,叫做"摠"。不顾及他人的意见,勉强进言,叫做"佞"。希望别人意气用事,表达自己想说而不敢说出的话,叫作"谄"。不问是非,苟且顺从,叫作"谀"。好说人不好的地方,叫作"谗"。离间亲戚朋友关系,叫作"贼"。与自己亲近的人,虽然是恶人,却加赞誉,与自己疏远的人,即便是善人,也加以诽毁,这叫作"慝"。不问善恶,皆加容纳,和颜悦色,投其所好,叫作"险"。

② 喜欢经略大事,利用变更之际,捞取功名,叫作"叨"(音涛,tao)。擅用权力,独断专行,侵暴他人,叫作"贪"。知错而不肯改悔,听到批评的意见,更加固执,叫作"很"。与自己意见相同的就说好,与自己意见不同的,即便是好的,也说不好,这叫作"矜"。

孔子神情凝重地叹了一声气,再次行叩拜之礼,然后说:"我孔丘两次被逐出鲁国,在卫国东躲西藏,在宋国讲学所逗留的树都被人砍了,在陈蔡之地被人围困,我不知道自己做错了什么而遭了四次厄运?"

客人听了孔子这么说,也面容严肃起来:

"您太难以觉悟了!有人害怕看到自己的影子,厌恶自己的足迹,想通过走动来摆脱它们,结果越走越快,以至于跑了起来,然而,跑得越快,留下的足迹越多,那影子也始终没有离开自己,那人还以为是自己跑得慢了,就飞快地跑个不停,最后力绝气衰,累死了。他没有想到躲进荫处去消除自己的影子,以安静来使足迹不再出现,真是太愚昧了!您忙于审察仁义,辨别同异,观察动静,确定行为的分寸,分析好与恶的情性,调和喜与怒的节度,几乎招致祸患。您要是能够小心地修持自身,谨慎地保守本真,把那些事情交还别人,那么就没有负累了。如今您不修养自己,却要求他人,这不是放弃了自己而向外要求了么?"

孔子再问什么才是本真,客人对他说,本真就是"精诚之至",如果不能精诚,就不能感动人,如同勉强地哭,不能体现哀伤;勉强地做出发怒的样子,并不威严;勉强地表示亲切,那样的笑都不和谐。本真在内心,那么神情就会显露出来,所以,崇尚本真,就要把它用在人伦关系上。听了渔父这番话,孔子再次行膜拜之礼,请求渔父为师,传授他关于"道"的学问。不过渔父并没有接受请求,而是说:

"可以一起前往的是可以一起达到至道的人,而不可与之一起前往的是不知晓道的人。您努力吧,我要走了,我要走了!"

说完,撑开了船,漫游在芦苇之间。颜渊回到车上,子路把马车的缰绳递给孔子,孔子凝望着渔父,却头也不回,一直等到水波平静了下来,才肯乘车离开。子路立在车旁边问:

"学生跟着先生也这么多年了,还没见到先生对人如此的肃敬。天子、诸侯会见先生时也都要分庭抗礼,先生尚且有倨傲的神态。如今这渔父杖着船桨、立在船尾,而先生还弯腰鞠躬,每次回答渔父,都要先行叩拜,这是不是过分了?连门人都怪师父了,一个渔夫怎么可以受这样的礼遇!"

孔子伏在车的扶栏,叹息道:

"你呀,也太难教化了!过来,我告诉你:遇到长者不敬,就是失礼;见到贤者不尊,就是不仁。他要不是圣人,就不会使人谦下。谦下若不精诚,就得不到真谛。这才有'故长伤身'的说法。道之所在,圣人也要尊敬啊。这渔父,可以说是有道之人,我敢不崇敬么!"

渔父究竟是个什么样的人?这连在场的孔子的弟子们也感到困惑。这人不就是个撑船打渔的人么,为什么可以得到超过天子的礼遇?在孔子的门徒心里,孔子就是圣贤,而这样的圣贤却要向眼前这个粗人顶礼膜拜。孔子最后对子路说的那番话,点出了要妙:不管站在你面前的人是什么身份,长得什么样子,他却能够使人自认谦下,你不得不崇敬,所谓"目击而道存"。然而,这却不是寻常的人能够识破的,所以,孔子才叹息徒弟不聪颖,有眼不识泰山。庄子于此也是想要告诉人们:真正有德的人,不见得身世显要。

这里所说"故长伤身",也颇有深意。故长是前辈、长老,也是人们应该敬重的人。如果你面对一个理当敬重的长辈而你并没有敬重,那么受到伤害的并不是对方,而是你自身,因为你陷入了失礼、不仁的境地。

借这段对话,创造出来一个典故:"休影息迹。"它告诉人们,当你意识到自己做的事情不对的时候,你不是要做更多的事情,而是立即静定下来,反省一下,以平静的心态观察世界。如果停息不下来,那么会做的事情越多,留下的恶迹也越多,如同飞快地跑个不停,最后气绝而死。因此,做错了事,也不能试图掩盖它,那结果只能是欲盖弥彰。

原文参考

孔子游乎缁帷之林,休坐乎杏坛之上。弟子读书,孔子弦歌鼓琴。奏曲未半,有渔父者,下船而来,须眉交白,被发揄袂,行原以上,距陆而止,左手据膝,右手持颐以听。曲终而招子贡、子路二人俱对。

客指孔子曰:"彼何为者也?"

子路对曰:"鲁之君子也。"

客问其族。子路对曰:"族孔氏。"

客曰:"孔氏者何治也?"

子路未应,子贡对曰:"孔氏者,性服忠信,身行仁义,饰礼乐,选人伦。上以忠于世主,下以化于齐民,将以利天下。此孔氏之所治也。"

又问曰:"有土之君与?"

子贡曰:"非也。"

"侯王之佐与?"

子贡曰:"非也。"

客乃笑而还行,言曰:"仁则仁矣,恐不免其身。苦心劳形以危其真。呜呼!远哉,其分于道也。"

子贡还,报孔子。孔子推琴而起,曰:"其圣人与!"乃下求之,至于泽畔,方将杖拏而引其船,顾见孔子,还乡而立。孔子反走,再拜而进。

客曰:"子将何求?"

孔子曰:"曩者先生有绪言而去,丘不肖,未知所谓,窃待于下风,幸闻咳唾之音,以卒相丘也。"

客曰:"嘻!甚矣,子之好学也!"

孔子再拜而起,曰:"丘少而修学,以至于今,六十九岁矣,无所得闻至教,敢不虚心!"

客曰:"同类相从,同声相应,固天之理也。吾请释吾之所有而经子之所以。子之所以者,人事也。天子诸侯大夫庶人,此四者自正，治之美也；四者离位而乱莫大焉。官治其职，人忧其事，乃无所陵。故田荒室露，衣食不足，征赋不属，妻妾不和，长少无序，庶人之忧也；能不胜任，官事不治，行不清白，群下荒怠，功美不有，爵禄不持，大夫之忧也；廷无忠臣，国家昏乱，工技不巧，贡职不美，春秋后伦，不顺天子，诸侯之忧也；阴阳不和，寒暑不时，以伤庶物，诸侯暴乱，擅相攘伐，以残民人，礼乐不节，财用穷匮，人伦不饬，百姓淫乱，天子有司之忧也。今子既上无君侯有司之势，而下无大臣职事之官，而擅饰礼乐，选人伦，以化齐民，不泰多事乎？

且人有八疵，事有四患，不可不察也。非其事而事之，谓之揔；莫之顾而进之，谓之佞；希意道言，谓之谄；不择是非而言，谓之谀；好言人之恶，谓之谗；析交离亲，谓之贼；称誉诈伪以败恶人，谓之慝；不择善否，两容颊适，偷拔其所欲，谓之险。此八疵者，外以乱人，内以伤身，君子不友，明君不臣。所谓四患者：好经大事，变更易常，以挂功名，谓之叨；专知擅事，侵人自用，谓之贪；见过不更，闻谏愈甚，谓之很；人同于己则可，不同于己，虽善不善，谓之矜。此四患也。能去八疵，无行四患，而始可教已。"

孔子愀然而叹，再拜而起，曰："丘再逐于鲁，削迹于卫，伐树于宋，围于陈蔡。丘不知所失，而离此四谤者何也？"

客凄然变容曰："甚矣，子之难悟也！人有畏影恶迹而去之走者，举足愈数而迹愈多，走愈疾而影不离身，自以为尚迟，疾走不休，绝力而死。不知处阴以休影，处静以息迹，愚亦甚矣！子审仁义之间，察同异之际，观动静之变，适受与之度，理好恶之情，和喜怒之节，而几于不免矣。谨修而身，慎守其真，还以物与人，则无所累矣。今不修之身而求之人，不亦外乎！"

孔子愀然曰："请问何谓真？"

客曰："真者，精诚之至也。不精不诚，不能动人。故强哭者，虽悲不哀；强怒者，虽严不威；强亲者，虽笑不和。真悲无声而哀，真怒未发而威，真亲未笑而和。真在内者，神动于外，是所以贵真也。其用于人理也，事亲则慈孝，事君则忠贞，饮酒则欢乐，处丧则悲哀。忠贞以功为主，饮酒以乐为主，处丧以哀为主，事亲以适为主。功成之美，无一其迹矣；事亲以适，不论所以矣；饮酒以乐，不选其具矣；处丧以哀，无问其礼矣。礼者，世俗之所为也；真者，所以受于天也，自然不可易也。故圣人法天贵真，不拘于俗。愚者反此。不能法天而恤于人，不知贵真，禄禄而受变于俗，故不足。惜哉，子之蚤湛于人伪而晚闻大道也！"

孔子又再拜而起曰："今者丘得遇也，若天幸然。先生不羞而比之服役而身教之。敢问舍所在，请因受业而卒学大道。"

客曰："吾闻之，可与往者，与之至于妙道；不可与往者，不知其道，慎勿与之，身乃无咎。子勉之，吾去子矣，吾去子矣！"乃刺船而去，延缘苇间。

颜渊还车,子路授绥,孔子不顾,待水波定,不闻拏音而后敢乘。

子路旁车而问曰:"由得为役久矣,未尝见夫子遇人如此其威也。万乘之主,千乘之君,见夫子未尝不分庭伉礼,夫子犹有倨敖之容。今渔父杖拏逆立,而夫子曲要磬折,言拜而应,得无太甚乎!门人皆怪夫子矣,渔人何以得此乎!"

孔子伏轼而叹曰:"甚矣,由之难化也!湛于礼仪有间矣,而朴鄙之心至今未去。进,吾语汝:夫遇长不敬,失礼也;见贤不尊,不仁也。彼非至人,不能下人。下人不精,不得其真,故长伤身。惜哉!不仁之于人也,祸莫大焉,而由独擅之。且道者,万物之所由也。庶物失之者死,得之者生。为事逆之则败,顺之则成。故道之所在,圣人尊之。今渔父之于道,可谓有矣,吾敢不敬乎!"(《渔父》)

| 至仁无亲

宋国有个太宰，叫作"荡"，他向庄子请教什么是"仁"。庄子回答说：

"虎与狼所做的事情，就是仁。"

这个太宰为庄子的这个回答弄懵了头脑，他赶紧问：

"您这是什么意思？"

"父子相亲，如何不是仁！"

太宰终于明白了庄子的意思，但显然庄子的回答并不是他所期待的，于是再问：

"请问什么是最高的仁？"

庄子似乎不假思索地回答：

"最高的仁就是无亲。"

这又让太宰摸不着头脑了，他忙说：

"我听说，无亲则不爱，不爱则不孝。您说最高的仁就是不孝，可以这么说吗？"

庄子这才给他讲述了自己的看法:

"不对。那最高的仁啊,是至上的,孝是不足以来谈论的。这不是说它超过了孝,而是与孝无关。就像有人向南行走,到了楚国的郢城,向北眺望,看不见冥山。① 这是什么原因?是因为相去太远的缘故。所以说,以敬而孝容易,以爱而孝难;以爱而孝容易,而忘亲难;忘亲容易,使亲忘我难;使亲忘我容易,兼忘天下难;兼忘天下容易,使天下兼忘我难。像尧、舜这样的圣人,深怀大德,却能忘掉自己的德,他们所做的事情给万世带来了利益,却让天下无人知晓,这岂只是长长地叹息自己所做过的仁孝之事么!孝悌仁义、忠信贞廉,这八个方面都只是人自以勉励、而为德所役使,不足以自满。所以说,最高的尊贵,是摒弃国爵;最富有的是摒弃国财;最高的愿望,是对名誉的抛却。所以,道始终不改易。"

这段对话的问者与答者似乎很难说到一起,太宰荡所想的与庄子所说的不相交。不是庄子不了解儒家的仁义学说,而是他对仁义有独特理解。他的意思是,你不是要了解仁吗,而仁不就表现在父子相亲的关系吗,那么虎狼等兽性也有父子相亲的关系啊!你想了解最高的仁,那么最高的仁其实就是无亲。

太宰荡以为对父母的亲是爱的前提,而爱又是孝的前提。有了爱,才会有自觉对父母的孝。所以,亲、爱、孝,都是仁的表

---

① 冥山,据说为北极之山。又有一说,冥山在朔州之北。

现。所以，他难以理解庄子最高的仁就是无亲的说法。

庄子则说最高的仁是不能用孝来说明的，至上的仁是没有选择的、无私亲的仁，而孝是有选择的、有私亲的仁。为何站在冥山附近我们能够看得见它，而走到楚国的郢都就看不见了呢，太远了。这个通俗的寓言寓意很深。如果按照儒家"推己及人"的办法，从对父母的孝，推及别人的父母，那么能够推多远呢？能够推及天下吗？庄子对此是怀疑的。如果以孝为出发点，我们试图推及天下，当走出宗亲血脉的关系之后，那么还能继续推下去吗？恰如冥山，在它周边，我们能够看得到它；而向南行到楚国的郢都，它就淡出了我们的视野了。由此来说，以孝推及天下，不是有效的，这就是说，儒家的道德是不具有普遍性的。

庄子的理解是：孝、爱、仁，都是从身边的亲说起的，而亲是有偏私的，你能亲别人的父母吗？既然你对别人的父母说不上亲，也就谈不上对别人的孝、爱和仁了。所以说，这样的仁与虎狼的相亲没有根本区别。而最高的仁恰恰是没有任何的偏私和亲疏的，如同人们常说的"大爱无疆"，而这又是孝所解释不了的。

庄子后面这段比较式的推论饶有趣味：为何"爱而孝"比"敬而孝"难？敬是形式上的，爱是心里的。为何"忘亲"比"爱而孝"难？"爱而亲"还是意识到这是自己的双亲，"忘亲"是超越了自己的亲，即便不是自己的双亲，也会亲。为何"使亲忘我"难？忘亲只是自己主观上忘了亲，并没有使亲也忘记了我，也就是自己所做的孝亲的事情留下了行迹。为何"兼忘天下"比"亲忘我"难?"亲忘我",是我使得双亲忘记了我,我只是超越了个人的小圈子,我并没有忘记天下;而"兼忘天下",是我连个人圈子之外的天下也忘记了,也就不存在亲疏、内外的关系了;又为何"使天下忘我"难?我"兼忘天下",说明我兼忘天下这个举动留下了行迹;而天下忘我,就不留任何的行迹了。这是一个彻底超越功利目的的道德论说。

原文参考

　　商大宰荡问仁于庄子。庄子曰:"虎狼,仁也。"

　　曰:"何谓也?"

　　庄子曰:"父子相亲,何为不仁!"

　　曰:"请问至仁。"

　　庄子曰:"至仁无亲。"

　　大宰曰:"荡闻之,无亲则不爱,不爱则不孝。谓至仁不孝,可乎?"

　　庄子曰:"不然,夫至仁尚矣,孝固不足以言之。此非过孝之言也,不及孝之言也。夫南行者至于郢,北面而不见冥山,是何也?则去之远也。故曰:以敬孝易,以爱孝难;以爱孝易,而忘亲难;忘亲易,使亲忘我难;使亲忘我易,兼忘天下难;兼忘天下易,使天下兼忘我难。夫德遗尧、舜而不为也,利泽施于万世,天下莫知也,岂直大息而言仁孝乎哉!夫孝悌仁义,忠信贞廉,此皆自勉以役其德者也,不足多也。故曰:至贵,国爵并焉;至富,国财并焉;至愿,名誉并焉。是以道不渝。"(《天运》)

守朴归真

在《天运》中,记述了孔子会见老聃的事情。孔子向老聃谈起了仁义,听完了孔子的话,老聃说:

"那扬起来的糟糠要是钻入人的眼睛,东南西北四方都分不清了;蚊虻叮了皮肤,通宵都难以入眠了。那仁义惨毒,令人烦闷,没有比这东西更能扰乱人心的了。我的先生啊,您要是能够使天下人不失去朴质的本性,那么您也就可以随风而动,掌持天德而自立了!又何必急急忙忙地四处奔走鼓吹仁义,就像击打着背负的大鼓,到处寻找失去的儿子一样?那鹤不用每天洗澡也是白的,乌鸦不用每天涂染也是黑的。黑白的质朴,乃是它们的本性,不能强使其改变;名誉的外观(暗喻仁义),看起来华丽,却不足以称广大。河水干涸了,鱼相互处在陆地上,它们彼此哈湿气给对方的身体,彼此以唾液涂在对方的身上,可是,这样不如相忘于江湖。"

庄子借孔子与老聃的对话，表达了自己的一贯主张：质朴高于仁义，自由高于恩爱。他把孔子喋喋不休地推行仁义的教诲，比作夜里通宵骚扰、使人不得入睡的蚊子，令人心烦意乱。又把孔子到处寻找失去的仁义，比作有人背着沉重的大鼓、到处击打以寻找丢失的儿子，徒劳而无功，岂不知那鼓声越响，儿子逃得越远。孔子如果能够顺势而为，把握住德的根本，把功夫用在恢复人质朴的本性，那么天下就会款服了。质朴是人的本性，仁义是教化的修为，如果质朴的本性不存在了，在不纯朴的本性基础上的教化，其外观无论多么华丽，也是浮华虚伪的了。

原文参考

孔子见老聃而语仁义。老聃曰："夫播糠眯目，则天地四方易位矣；蚊虻噆肤，则通昔不寐矣。夫仁义憯然，乃愤吾心，乱莫大焉。吾子使天下无失其朴，吾子亦放风而动，总德而立矣！又奚杰杰然若负建鼓而求亡子者邪！夫鹄不日浴而白，乌不日黔而黑。黑白之朴，不足以为辩；名誉之观，不足以为广。泉涸，鱼相与处于陆，相呴以湿，相濡以沫，不若相忘于江湖。"（《天运》）

同化于道

这又是一段孔子与学生颜回的对话。这一天,颜回对孔子说:

"老师,我长进了。"

孔子觉得诧异,问:

"你有什么长进?"

"我忘了仁义了。"

"可以呀,不过还不够。"孔子有所思索的样子。

又一天,颜回见到孔子,又说:

"我长进了。"

"你又有什么长进?"

"我忘礼乐了。"

孔子再一次鼓励他:

"可以呀,不过还不够。"

又一天,颜回见到孔子说:

"我长进了。"

"你有什么长进?"

"我坐忘了。"

孔子听到颜回这么说,觉得吃惊,马上改变了容色,反问道:

"什么叫坐忘?"

颜回回答:

"把肢体视为不存在,废除聪明,抛离形体,去掉意识,与大通相同化,这叫坐忘。"

孔子听了非常赞同,他顺着颜回的思路,进一步地发挥道:

"'同'就没有偏好,'化'就没有什么不变的。你果然贤明了,那么让我孔丘步你的后尘吧!"

不用说,这是庄子最为大胆的假设,我们也知道颜回和孔子是不大可能这样说话的,然而,正是这段假借式的对谈,讲出了庄子的一个重要思想:坐忘论。

坐忘论寻求的是老子"为学日益,为道日损,损之又损,以至于无为"的思路。这里的"大通"正是庄子所要求的"道"的异名。从损仁义、损礼乐,进而把肢体视为不存在,废除聪明,以至于形体、意识都不存在,把自己同化于"大通",这是一个自我减省的过程,到了无所可减的时候,就可把自己抛到理想的境界里了。在这里,有两层意思需要领略:第一,对于体现天地宇宙精神的自然之道,应该心存敬畏,我们面对它的时候,知道自己的渺小,所以要将私我、自我排遣掉,投身于它的宏阔境界;

第二,进一步说,人们常说的"得道",不应该像个东西那样抓住了它,而是投奔它,分享它,与它同在。东晋的陶渊明有诗曰:"此中有真意,欲辩已忘言",即其意。

原文参考

  颜回曰:"回益矣。"

  仲尼曰:"何谓也?"

  曰:"回忘仁义矣。"

  曰:"可矣,犹未也。"

  他日复见,曰:"回益矣。"

  曰:"何谓也?"

  曰:"回忘礼乐矣!"

  曰:"可矣,犹未也。"

  他日复见,曰:"回益矣!"

  曰:"何谓也?"

  曰:"回坐忘矣。"

  仲尼蹴然曰:"何谓坐忘?"

  颜回曰:"堕肢体,黜聪明,离形去知,同于大通,此谓坐忘。"

  仲尼曰:"同则无好也,化则无常也。而果其贤乎!丘也请从而后也。"(《大宗师》)

四 生死之间

生与死如同春夏秋冬的自然变化一样，
生命本来只是气的聚散

安于天时

老聃死了,他的好朋友秦失前去凭吊,只见他学着别人一样,长长地哭号了三声,然后出来了。他的这个举动,被老聃的弟子们看到,觉得不可理解,有个弟子就对秦失说:

"您不是先生的朋友吗?"

"是的,是他的朋友。"秦失回答道。

"您既是先生的朋友,却用这种方式凭吊,可以吗?"

"是这样的,刚才来的时候,我以为那些人都是先生的朋友,现在我才清楚他们其实不是的。刚才我进去凭吊,看到有年长的人在痛哭,像是自己的儿子死了;有年少的人在痛哭,像是自己的母亲死了。我想了想才明白了,他们这些人之所以聚集在这儿,在心里一定并不想说却不得不说,不想哭而不得不哭。这就叫逃脱天性而背离真情,忘了天生的禀受,古人把这叫作逃离天然本性的惩罚。先生出生的时候,那是先生适应了天时;现在先生走了,这是顺应了天理。安于天时,顺应天理,喜怒哀乐都不入其心，古人把这种情形叫作天然束缚的解脱！"

　　背离真性情，学别人的样子，说自己内心不愿意说的话，做不愿做的事情，这在内心一定难受。人们说话，总有一定的场合、一定的对象，这些场合和对象，对说话的人产生了影响，有些是快乐的，如聚会、宴庆；有些是忧伤的，如丧葬、别离；有些是难堪的，如某些窘境、左右为难的；有些是压迫的，如"小人物"见"大人物"、良民遇到强盗。人能否在任何场合都讲真话、实话？恐怕很难。快乐的场合讲真话没有问题，忧伤的场合可能会陪着掉些眼泪，说些"自己也很伤心"的话，难堪的场合可能会"环顾左右而言他"，而在压迫的场合，像赵高"指鹿为马"的时候，说真话就不容易了。但是，无论如何，人说了违心的话，心里一定难受，这就是庄子强调的"天然本性的惩罚"。

　　生死问题，困扰人的终生，只要有了生命，就会令人想到死亡，这是上天给予每个人的束缚。可是，如果你能够安于天时，顺应天理，就能解开这道束缚。

原文参考

　　老聃死，秦失吊之，三号而出。弟子曰："非夫子之友邪？"
　　曰："然。"
　　"然则吊焉若此可乎？"
　　曰："然。始也吾以为其人也，而今非也。向吾入而吊焉，有老者哭之,如哭其子;少者哭之,如哭其母。彼其所以会之,必有不蕲言而言,不蕲哭而哭者。是遁天倍情,忘其所受,古者谓之遁天之刑。适来,夫子时也;适去,夫子顺也。安时而处顺,哀乐不能入也,古者谓是帝之县解。"(《养生主》)

生死相依

在《庄子外篇·知北游》里,谈论到了庄子的生死观念,在他看来,生与死如同春夏秋冬的自然变化一样,生命本来只是气的聚散:

"生是死的徒儿,死是生的开始。有谁知道它们的界限在哪里?生命的产生,只是气的集聚,死亡则是气的消散,如果我们把生死看成是彼此为徒儿,我还会为生死而烦恼吗!"

生死之所以相互为徒儿,在于彼此处于相互变换的位置,你现在看到了出生,那是气集聚起来,呈现在世人面前;你再看到了死亡,那是气消散了,从世人的视野中消失了。死亡只是恢复到它未出现在世人之前的那种状态而已,所以是归根复命。既然如此,那么谁能说死亡不是生命的开始呢!如同落叶归根,生生不息。

庄子借老子的话接着说：

"人生天地之间，如同一匹白色的骏马从一道缝隙中闪过，只是顷刻之间的事情。突然间生命来到了世间，又悄无声息地离开了世间，转化而生，转化而死。生命死了，同类的生物莫不哀伤，人类则莫不悲恸。岂不知，死不过是解开了天然的生的束缚、活的累赘。生命的来去，纷纷然然，婉婉约约，魂魄来来去去，身体都跟随了它。生命的运化最终都回归了本原！从无形变化为有形，有形又变化为无形，这是人所共知的现象，却不是至人所追求的见地。"

以世俗的眼光看，人生漫长难熬，人生苦乐参半，生命的过程充满着欢快、愉悦、痛苦、灾难等等；如以超然的眼光看，漫漫历史长河，人生何其短促，像一匹白马闪过，又如一道闪光转瞬即逝。生命本来如此，何苦欢喜生厌恶死，在某种意义上，死就是解脱！只是我们自然地随了它的来去就行了。

生命的来去，说到底就是个转化而已，臭腐可以转化为神奇，神奇也可转化为臭腐。

原文参考

生也死之徒，死也生之始，孰知其纪！人之生，气之聚也。聚则为生，散则为死。若死生为徒，吾又何患！（《知北游》）

人生天地之间，若白驹之过郤，忽然而已。注然勃然，莫不出焉；油然漻然，莫不入焉。已化而生，又化而死。生物哀之，人类悲之。解其天弢，堕其天袠。纷乎宛乎，魂魄将往，乃身从之。乃大归乎！不形之形，形之不形，是人之所同知也，非将至之所务也，此众人之所同论也。(《知北游》)

善待生死

人的一生,最难对待的莫过于生死问题了,在《大宗师》里,庄子说道:

"天地给予我形体,令我一生劳苦,让我老了的时候享受清闲,又以死来让我得到安息。所以啊,善待我的生,就要善待我的死。"

接着,庄子借用一段寓言举出了这样的典范:

有三个人彼此引以为好朋友,一个叫子桑户,一个叫孟子反,还有一个称子琴张。他们约为好朋友,共同提出了一个要求:能够相交于无所谓相交;能够作为于无所谓作为。能够登天,能够游于云雾,在无穷极的世界中婉约自在地遨游;能够忘却生命存在,将死亡置之度外。当这些要求提出了之后,谁也没有提出异议,都从内心认可,相互笑了笑就肯定了,彼此成了莫逆之交。不料有一天,子桑户死了,还没有安葬,孔子知道了,就派了弟子子贡前去协助善后事宜。而这边的孟子反和子琴张在忙啥呢？一个忙着编写曲词，另一个忙着鼓琴，然后俩人合起来唱道：

"子桑户啊，子桑户啊，你已经返归了本真，而我们还得做人嘞！"

子贡见到这样的情景，走近他们问：

"冒昧地问：对着尸体唱歌，合乎礼仪吗？"

这二人相互看了看，笑了：

"不知礼仪是啥东西！"

子贡回去将情况给孔子回报了，说：

"他们都是些什么人啊？修行虚无而将形体置之度外，对着尸体歌唱，而毫无哀伤之情，简直无法形容他们。他们究竟是什么样的人啊？"

孔子回答：

"他们是游于世俗之外的人士，而我孔丘只是游于世俗之内的人，外与内不相及，可是我却派人去凭吊，这事做得丑陋了！他们与天地为友，游于尘垢之外，以生为赘疣，以死为决疮溃痈，像他们这样的，哪里在乎生死先后的区别呢？又何必糊里糊涂地守持世俗的礼仪、做样子给世人看呢？"

生死一贯，生让人们享受了生命酸甜苦辣的精彩，死则让人们得到了完成生命的痛快和解脱。生与死既是有区别的，也是没有区别的。生死如同梦幻一般，或者梦为鸟儿在天上奋飞，或者梦为鱼儿在深渊里漫游，这中间只是一个"化"的关系，有谁知道死了不是化为别的生命呢？死是当下这个生命的完结，却又是另一种生命的开始。

两个"善待"，表现了庄子的达观人生与极高的智慧。把生死看得透彻，这是认知；善待生死，这是智者的态度。庄子借孔子的方内之游与方外之游的说法，将人生境界做出了高下之分。

原文参考

大块载我以形，劳我以生，佚我以老，息我以死。故善吾生者，乃所以善吾死也。（《大宗师》）

莫然有间，而子桑户死，未葬。孔子闻之，使子贡往侍事焉。或编曲，或鼓琴，相和而歌曰："嗟来桑户乎！嗟来桑户乎！而已反其真，而我犹为人猗！"

子贡趋而进曰："敢问临尸而歌，礼乎？"

二人相视而笑曰："是恶知礼意！"

子贡反，以告孔子曰："彼何人者邪？修行无有而外其形骸，临尸而歌，颜色不变，无以命之。彼何人者邪？"

孔子曰："彼游方之外者也，而丘游方之内者也。外内不相及，而丘使女往吊之，丘则陋矣！彼方且与造物者为人，而游乎天地之一气。彼以生为附赘县疣，以死为疣溃痈。夫若然者,又恶知死生先后之所在!假于异物,託于同体;忘其肝胆,遗其耳目;反复终始,不知端倪;芒然仿徨乎尘垢之外,逍遥乎无为之业。彼又恶能愦愦然为世俗之礼,以观众人之耳目哉!"(《大宗师》)

面对死亡

庄子的妻子死了,老朋友惠子前去凭吊,惠子为此准备了一席安慰的话。不料,他到了庄子住所,看到庄子双腿伸开像个簸箕那样坐在地上,正敲着盆唱歌。惠子看不过意了,刚才准备的那些劝慰的话顿时变成了指责,他对着庄子说:

"人家与你一起过了这么多年,为你生养了儿子,现在老死了,你不哭也就罢了,却还敲着盆唱歌,这也太过分了吧!"

庄子回答道:

"不是这样的,她刚死的时候,我如何不感慨哀伤!然而,我仔细想了想,在开初的时候,她未有生命;不仅如此,她也没有形体;还不仅如此,她还没有气息,混杂于恍惚茫昧之间。只因变化而有了气息,气息变化而有了形体,形体再变化才有了生命。如今,她又变化而死。这生生死死不过是递相为春夏秋冬四时的流行啊!现在,人家燕然自在地躺在天地这个巨大的屋子之间,如果嗷嗷地为她痛哭,我以为是不通天地之命,所以呀,我这才停止哭泣的!"

话说到了这个地步,惠子也无话可说,只有尊重庄子的做法了。

庄子并非不懂得亲情,也非不懂得人礼,只是相对于天地之命来说,这些皆为其次而已,不能为了拘守世俗礼仪,而妨碍了对天地精神的追求。庄子所说的生命之源在于"恍惚茫昧之间",这"恍惚茫昧"正是天地精神——道。正是由于看不见的它的推动,才有了生命的产生。依随它的流动,生而之死,皆为自然。所以,不必欢喜生,不必厌恶死,不忘记自己怎么来的,也不追求死亡,只是随顺而已。当死亡真的降临之际,坦然面对,乐得安息。

原文参考

庄子妻死,惠子吊之,庄子则方箕踞鼓盆而歌。惠子曰:"与人居,长子老身,死不哭亦足矣,又鼓盆而歌,不亦甚乎!"

庄子曰:"不然。是其始死也,我独何能无概!然察其始而本无生;非徒无生也,而本无形;非徒无形也,而本无气。杂乎芒芴之间,变而有气,气变而有形,形变而有生,今又变而之死。是相与为春秋冬夏四时行也。人且偃然寝于巨室,是我嗷嗷然随而哭之,自以为不通乎命,故止也。"(《至乐》)

视死如归

《至乐》篇记述了庄子的一次奇遇。庄子到楚国去,见到了一个干枯的骷髅头骨,看起来那头骨形状完整。庄子于是随手用马杖敲了敲头骨,对着它说:

"夫子是因过于贪婪而丧失天理以至于此么?您是因亡了国、被人砍了头至于此么?您是因不道德的行为而愧对父母、妻子、儿女而至于此么?您是因挨冻受饿而至于此么?还是您因年老岁高而至于此呢?"

说完这些话,庄子拿起那头骨做了枕头睡觉。这晚半夜,庄子睡熟了,骷髅给庄子投了梦。梦中骷髅对庄子说:

"白天的时候,您讲起话像个辩论之士。而您讲的那些内容,却都是人活着时候的负累,死了就没有这些负累了。您愿意听听关于死的事情吗?"

"好啊。"

"死了,就没有君主在你之上,没有臣子在你之下,也没有春夏秋冬四季的事情了,你可放任自由地以天地为春秋,那快乐即便是做君王也比不了的。"

庄子听了这话,有些不敢相信,说:

"我请司命的人还原您活着的形体,恢复您的骨肉、肌肤,返回父母、妻子、邻里以及您所熟悉的那些人中间,您愿意吗?"

听了庄子的话,骷髅却锁紧了眉头,显得很忧愁的样子,说:

"我怎么能够放弃做君王的快乐,而重新回到人间去再受忧劳之苦呢!"

这里所说的"做君王的快乐",不是说在那个灵界可以享受做君王的快乐,而是说自己就是自己的王,既不受人支配,也不会有支配他人的忧劳。受人支配谈不上快乐,支配他人则要承担他人的牵累。

有人认为,这段与骷髅的对话充分体现了庄子消极厌世的思想,这话也对,却不全对。庄子的确是比较讨厌人间社会的那些肮脏事,但庄子并不是取消主义,他只是个超越主义者。他希望当死亡不得已来临的时候,能够视死亡如归途;他不是反对人们有所作为,他只是要人们一边有所作为,一边则忘却自己的作为,不要为功名利禄拖累,从而得不到精神的自由。这里庄子与骷髅的这番对话未必当真,庄子还是借梦说事,好像是在梦中与骷髅对话,但说的还都是人间那些事。

原文参考

庄子之楚，见空髑髅，髐然有形。撽以马捶，因而问之，曰："夫子贪生失理而为此乎？将子有亡国之事、斧钺之诛而为此乎？将子有不善之行，愧遗父母妻子之丑而为此乎？将子有冻馁之患而为此乎？将子之春秋故及此乎？"

于是语卒，援髑髅，枕而卧。夜半，髑髅见梦曰："向子之谈者似辩士，视子所言，皆生人之累也，死则无此矣。子欲闻死之说乎？"

庄子曰："然。"

髑髅曰："死，无君于上，无臣于下，亦无四时之事，从然以天地为春秋，虽南面王乐，不能过也。"

庄子不信，曰："吾使司命复生子形，为子骨肉肌肤，反子父母、妻子、闾里、知识，子欲之乎？"

髑髅深矉蹙頞曰："吾安能弃南面王乐而复为人间之劳乎！"（《至乐》）

公平简葬

轮到庄子要死了,他还能够像对待妻子的死那样坦然吗?《列御寇》篇中记述了庄子将死的情景。

庄子将要死了,弟子们考虑到师傅一生清贫,死的时候应该厚葬一下他。庄子知道了,就对弟子们说:

"我把天地看成是棺椁,把日月看成是连城的碧玉,把星辰看成是珠玑,把万物看成是陪葬品,难道这些东西安葬我还不够吗?哪里还需要另加厚葬啊?"

弟子们说:

"我们是担心天上飞的鸟吃了先生的身体啊!"

庄子回答道:

"在上面为鸟类吃,在下面为蝼蚁吃,夺了这个的食,却给那个吃,这是何其偏心啊!"

庄子一生看淡名利与财富,到死的时候,自然也不会看重如何安葬，清白地来到这个世间，也干净地离开这个世间，所以，庄子不只是一个思想家，也是一个实践家，想得到，也就能做得到。

倒是庄子的弟子们，大概也是想到老师对人类贡献如此丰富，却一生清贫，想要以厚葬的方式来安顿庄子，似乎这样才公平。岂不料庄子以一个夺了飞鸟的食、却给蝼蚁食的回答，诙谐轻松地把自己安顿了。其中引申出一个哲学道理：以不公平的方式来实现公平，那么这样的公平其实已经是不公平的了。也就是说，既要目的的公平，也要手段的公平，因为手段不公平，那么目的的公平也是不可能实现的。这与儒家所主张的厚葬，以及以不公平的方式来实现公平，是完全不同的。

原文参考

庄子将死，弟子欲厚葬之。庄子曰："吾以天地为棺椁，以日月为连璧，星辰为珠玑，万物为赍送。吾葬具岂不备邪？何以加此！"

弟子曰："吾恐乌鸢之食夫子也。"

庄子曰："在上为乌鸢食，在下为蝼蚁食，夺彼与此，何其偏也。"

以不平平，其平也不平；以不征征，其征也不征。（《列御寇》）

五 庄子与友

对头与朋友

在《庄子》一书里，与庄子发生直接联系的人不算多，其中惠子则是一生都与他来往频繁的一个人，两人的关系谈不上忠诚，却谈得上是真诚，是一生的伙伴，两人见面就争论不休，却谁也离不开谁。《秋水》记述了惠子相梁的一段故事。

惠子好不容易得到了梁惠王的赏识，被委以宰相的重任，不用说，惠子对于这次机会非常看重，想借此展现自己的抱负。不料，就在惠子刚刚就任宰相位置不久，庄子接踵而至了，他大概是想来看望一下惠子。于是，就有人把这个消息传达给惠子了，并添油加醋地渲染了庄子此行的目的，说他是奔着惠子的宰相位置来的，因为不仅惠子，庄子与梁惠王也是故交，关系密切。这让惠子警觉起来，身为宰相的他，马上下令全城搜查庄子，这一闹腾持续了三天三夜。庄子知道了惠子搜查的缘由，想了想，便大大方方地走出来，去宰相府会见了惠子，不等惠子开口，自己先开口说话了：

"南方有一种鸟,叫作鹓鶵,你听说了吗?它啊,从南海起身,飞往北海,不是梧桐树,它不肯停下来歇息;不是竹米,它不肯吃;不是甘甜的醴泉水,它不肯喝。有个鸱鹰得了一个死老鼠,正好鹓鶵飞过上空,这鸱鹰紧张极了,以为鹓鶵要来抢它的食,仰望着天空的鹓鶵,大声地吼叫:'吓!走远些!'……今天你不是拿你的梁国来吓我吧?"

听完庄子的这番话,惠子不用说有多惭愧与尴尬了。

以鸱鹰之心度量鹓鶵之志,这也开创了一个千古奇说,以致古往今来的人,遇到相似的情形,总把庄子的这番话拿出来说,诸如李商隐诗《安定城楼》中也说道:"不知腐鼠成滋味,猜意鹓鶵竟未休。"

这则故事是真是假,不好分辨,从惠子的反应来看,似乎还是可以谅解的人之常情,或许他反应过度了一点,但惠子这个人还是有良知的。要知道,庄子许多时候是拿人来说事的,这则故事所说的事理是真的,而当事的人却未必都真。

原文参考

惠子相梁,庄子往见之。或谓惠子曰:
"庄子来,欲代子相。"
于是惠子恐,搜于国中三日三夜。庄子往见之,曰:

"南方有鸟,其名为鹓鶵,子知之乎?夫鹓鶵发于南海而飞于北海,非梧桐不止,非练实不食,非醴泉不饮。于是鸱得腐鼠,鹓鶵过之,仰而视之曰:'吓!'今子欲以子之梁国而吓我邪?"(《秋水》)

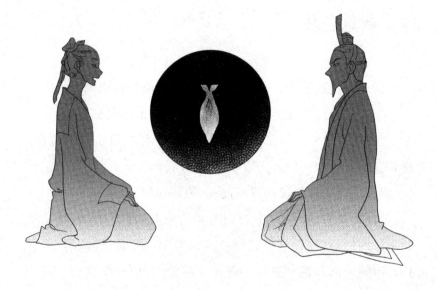

救急之窘

《外物》记述了庄子生活艰难的时候向监河侯借米的故事。

庄子家里揭不开锅了,向监河侯借米。监河侯回答说:

"行啊!等我收回了属地的税金,我就可以借给您三百金,您看这样行吗?"

听了这话,庄子显得很不高兴,他回应道:

"我昨天来,在路途中听到有声音喊,我停下车,俯身往车轮压过的辙迹看,看到一条鲫鱼在那里面,我问:'鲫鱼啊,您有什么事啊?'那鱼说:'我是东海龙王的差使,您有没有一斗或一升的水让我活命啊?'我说:'行啊,我打算向南到吴越王那里去,激起西江的水来迎接您,您看这样好吗?'鲫鱼显出很生气的样子,说:'我离开了我处身的地方,现在没地方安身,我只要您斗升的水就可以活命,您却这么说,那您还不如早早地到卖干鱼的市场上去找我。"

当你请求别人施以援手的时候,你只是希望得到适当而有效的帮助,可你得到的回复是对方愿意给你远超预期、却不是有效的帮助,你对此说什么好呢?是说"您太厚道了",还是说"您太不厚道了"?庄子意思大概是说:毋需许诺的救急,就是太厚道了;不救急的许诺,就是太不厚道了。

原文参考

庄周家贫,故往贷粟于监河侯。监河侯曰:"诺。我将得邑金,将贷子三百金,可乎?"

庄周忿然作色曰:"周昨来,有中道而呼者,周顾视车辙中,有鲋鱼焉。周问之曰:'鲋鱼来,子何为者耶?'对曰:'我,东海之波臣也。君岂有斗升之水而活我哉!'周曰:'诺,我且南游吴越之土,激西江之水而迎子,可乎?'鲋鱼忿然作色曰:'吾失我常与,我无所处。我得斗升之水然活耳。君乃言此,曾不如早索我于枯鱼之肆。'"(《外物》)

有形无情

《德充符》中，庄子与惠子，这一对老友讨论起人的情性问题。

庄子说：

"有人之形，无人之情。有人之形，所以可以与他人相群；无人之情，所以人间的是是非非都不染身。从渺小的方面说，属于人；从伟大方面去说，是能够与天为友的圣人。"

很显然，庄子谈的是圣人，是理想中的人格。然而，惠子并没有领会庄子的意思，他反问道：

"既然是人，怎么会无情呢？"

"这不是我所说的情。我说的无情，是指人能够不以喜欢或者厌恶伤害到自己的身体，能够因循'自然而然'，不有意培植它。"庄子回复道。

"不培植它，怎么会有人的身体呢？"惠子又问。

庄子说：

"道给予他以相貌，天赋予他以形状，不以喜欢或者厌恶伤害自己的身体。如今，你用你的神追逐外物，使你的精处于劳顿状态，无精打采地倚着树呻吟，靠在梧桐上打瞌睡，天选择了你的形貌，而你却以'坚白之论'争论不休。"①

庄子所说的情，指情欲，而惠子所理解的情，是性情。自然而生的情属于性情，有意追逐的情属于情欲。

为什么说从渺小的方面说是人，从伟大的方面说是圣人呢？既然能与人相群相处，自然是人了，也就是不脱常人的形貌，老子所说的"和其光，同其尘"正是这个意思；而可以为圣人，是说形同凡人，心同圣人，其伟大可与天为友，不可限量。

说到惠子的时候，庄子几乎是批评的态度，意思是天选择了你的形貌，你本当坚守本真，不外泄情欲，而你却放纵自己的情欲（善辩的欲望），喋喋不休地争论什么是"坚"，什么是"白"，"坚"与"白"如何的不相容，等等，这才把自己的精神搞成这个样子了。

---

① 《庄子·秋水》："龙少学先王之道，长而明仁义之行，合同异，离坚白，然不然，可不可。困百家之知，穷众口之辩，吾自以为至达己，今吾闻庄子之言，汒焉异之，不知论之不及与，知之弗若与。……"此处的"龙"指公孙龙，他与惠施都属于名家，"离坚白""合同异"皆为名家的命题。

原文参考

　　有人之形,无人之情。有人之形,故群于人;无人之情,故是非不得于身。眇乎小哉,所以属于人也;謷乎大哉,独成其天。

　　惠子谓庄子曰:"人故无情乎?"

　　庄子曰:"然。"

　　惠子曰:"人而无情,何以谓之人?"

　　庄子曰:"道与之貌,天与之形,恶得不谓之人?"

　　惠子曰:"既谓之人,恶得无情?"

　　庄子曰:"是非吾所谓情也。吾所谓无情者,言人之不以好恶内伤其身,常因自然而不益生也。"

　　惠子曰:"不益生,何以有其身?"

　　庄子曰:"道与之貌,天与之形,无以好恶内伤其身。今子外乎子之神,劳乎子之精,倚树而吟,据槁梧而瞑。天选子之形,子以坚白鸣。"(《德充符》)

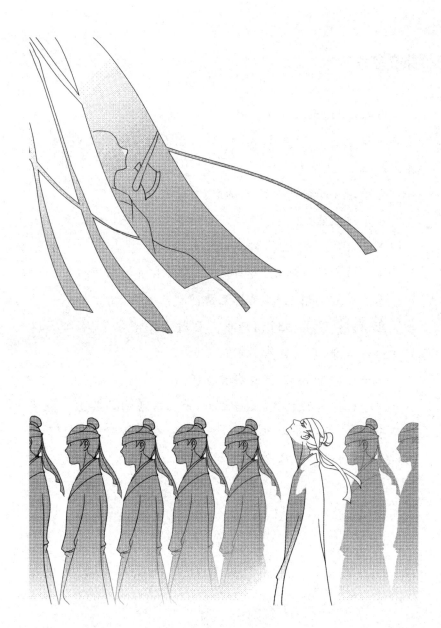

对手、真友

庄子与惠子,这对一生吵架的朋友,也可以说是不离不弃了,然而,惠子比庄子先死了。庄子为惠子送葬,当他经过惠子墓地的时候,就对随从的人说了这么一段故事:

"楚国郢城有个人,有一天一滴石灰落在他的鼻尖上,那层石灰薄得像一层苍蝇翅膀,他要那个叫作'石'的匠人替他把鼻尖上的石灰铲掉。那匠人也不推辞,抡起斧头呼呼地响,一斧头砍了下去,把鼻尖的石灰铲得干干净净的,而鼻子却毫发无伤。再看那郢人,站在那里神态自若,一点也不显得惊慌的样子。这事让宋元君知道了,便召了那木匠去了,对他说:'请试着为寡人做一遍。'那匠人却回答:'臣的确能够把鼻尖的石灰铲下来。尽管如此,但臣的搭档死了很久了!'……自他死后,我没有了对手,也没有人可以说说话了。"

不用说,那郢人当是木匠的伙伴,一个是泥水匠,一个为木匠，俩人长期合作，彼此信任，配合默契。其中一个死了，另外一个便没有了搭档，也干不出那一手绝活了。

庄子借这段故事，表达了他对惠子之死的哀伤与追思。我们知道，庄子的妻子死了，惠子曾去送葬，却看到庄子毫无哀伤地唱歌，那么现在惠子死了，庄子何以如此哀伤呢？要知道，庄子其实不是为惠子的死而哀伤，他是为自己而哀伤，没有了与他吵架的对手，他也就无人可言了。在《大宗师》里，庄子描述过孟子反和子琴张对子桑户之死的态度："你已经返归了本真，而我们还得做人嘞！"故而，依庄子一向的观念，死了的惠子是返回了本真。

可是，庄子的许多思想是在与惠子的对话、辩难中得到完成的，没有了这个对手，他与谁对话、与谁辩难，他又如何完成自己的思想？他能不哀伤么？

原文参考

庄子送葬，过惠子之墓，顾谓从者曰："郢人垩慢其鼻端，若蝇翼，使匠石斲之。匠石运斤成风，听而斲之，尽垩而鼻不伤，郢人立不失容。宋元君闻之，召匠石曰：'尝试为寡人为之。'匠石曰：'臣则尝能斲之。虽然，臣之质死久矣！'自夫子之死也，吾无以为质矣，吾无与言之矣！"（《徐无鬼》）

巧妙、直谏

庄子虽然心气极高,却不是没有社会关怀。这一天,大概是梁惠王想要召见他,庄子应允前去,只见他穿着粗布衣服,脚登草鞋,在谒见梁惠王之前,特意整理了一下身上的衣服带子,紧了紧脚上的鞋带,这算是正规的礼节。梁惠王见到庄子这副模样,不免酸楚地说道:

"先生怎么这么潦倒啊?"

庄子却回答:

"是贫穷,不是潦倒啊!士有道德而不能行其道,这是潦倒;而衣服破旧、鞋子洞穿,这是贫穷,不是潦倒。这也就是人们所说的'时运不济'。大王您难道没有看见那善于腾跃的猿猴吗?当它处在楠树、梓树、樟树之间的时候,能够把捉树枝,悠然自得地跳跃于树林之间,即便是羿、蓬蒙这样的神射手甚至都看不清它的踪影。然而,当它处在柘、棘、枳、枸等这些长满刺的树丛中间的时候,它就只得严肃小心,甚至只能侧着身子看路,战战兢兢、十分害怕的样子。这并非是它的筋骨变得紧张而不柔软,只是因为所处的地势不便利,不能显示它的能耐而已。如今我处在昏君乱相之间,而想要不潦倒,怎么可能呢?这正是比干被剖心情形的证验啊!"①

不知庄子是有意做出上述那番样子,还是无意的,我们知道庄子过着简单而素朴的生活,但说出这番话,倒可以说这是他想要的样子,如此,梁惠王的问话,就正好成他的话的引子了。常人看来,庄子的这番话是够尖刻的,不给梁惠王一点面子,可是,我们却不能不说庄子的深刻。尖刻与深刻的差别就那么一点点,深刻而不给人情面,就成了尖刻了。

不过,这段话的语义颇有意思,当梁惠王说庄子为何如此潦倒的时候,庄子却回答这不是潦倒,是贫穷;接下来,庄子给梁惠王讲了什么是贫穷,什么是潦倒;再下来庄子却说我处在昏君乱相之间,怎能不潦倒?结论还是梁惠王所说的那个"潦倒",经庄子解释之后,意思却不同了。可见,庄子的这番话是他早就想说的。

原文参考

　　庄子衣大布而补之,正廥系履而过魏王。魏王曰:"何先

---

① 比干,殷商时期最后一位君主纣王的贤臣,因为屡次忠谏,被纣王剖心而死。

生之惫邪?"

庄子曰:"贫也,非惫也。士有道德不能行,惫也;衣弊履穿,贫也,非惫也,此所谓非遭时也。王独不见夫腾猿乎?其得楠梓豫章也,揽蔓其枝而王长其间,虽羿、蓬蒙不能眄睨也。及其得柘棘枳枸之间也,危行侧视,振动悼栗,此筋骨非有加急而不柔也,处势不便,未足以逞其能也。今处昏上乱相之间而欲无惫,奚可得邪?此比干之见剖心,征也夫!"(《山木》)

无上自由

有一次,庄子在濮水钓鱼,而楚国的君主威王派了两个大夫正在寻他,在这里相遇了,大夫转告了楚威王的话:

"希望以我国的国事拖累于您!"

这是一个相当委婉、谦逊的聘约,意思是请庄子为楚国的国相。然而,听了这样的话,庄子继续手持鱼竿钓他的鱼,看也不看他们,漫不经心地说:

"我听说楚国有一种神龟,死了已经三千年了。大王把它装在竹箱里,再用丝巾把它包裹起来,然后把它藏在国家祭祀的庙堂之上。那么这龟宁愿死而留下骨骸被人供奉,而显得尊贵呢?还是宁愿活着,在泥沼里面拖着尾巴走呢?"

那二位大夫不约而同地回答:

"宁愿活着而拖着尾巴在泥沼里走!"

"你们走吧!我将拖着尾巴在泥沼里走!"

庄子就这样谢绝了楚威王的聘约。

神龟之所以神，不是因为它本身神，而是人使它神，人以神龟预决吉凶，把它看作神物，故而神。对于龟来说，被人供奉在庙堂之上，与它本身无关，它也享受不到那份尊贵的"后福"。

庄子在此做了一个假设：如果神龟有选择，它愿死后享那份尊贵，还是愿自由自在地活着。庄子以人之常情的选择，作为自己的选择，很正当地回绝了楚王的聘请。这里并不在于庄子选择的高明，而是他把接收聘约、享受尊贵看作是死了的神龟的见识高明，从尊贵看出了不自由，而在受熬煎的尊贵与低贱的自由之间，选择后者也就合乎情理了。

原文参考

庄子钓于濮水。楚王使大夫二人往先焉，曰："愿以境内累矣！"

庄子持竿不顾，曰："吾闻楚有神龟，死已三千岁矣。王巾笥而藏之庙堂之上。此龟者，宁其死为留骨而贵乎？宁其生而曳尾于涂中乎？"二大夫曰："宁生而曳尾涂中。"

子曰："往矣！吾将曳尾于涂中。"（《秋水》）

人知鱼之乐乎

庄子和惠子,这对伙伴,这天到了濠水的石坝上游玩。庄子说:

"鲦鱼在水里从容自得地出游,看来鱼很快乐啊!"

惠子警觉,意识到了庄子的问题,便回应道:

"你又不是鱼,你怎么知道鱼的快乐的?"

庄子自然不会示弱:

"你不是我,怎么知道我不知道鱼的快乐的?"

"我不是你,固然不知道你,可是你也不是鱼,你不知鱼的快乐,这是肯定的了。"惠子似乎为把庄子难倒了而庆幸。

然而,庄子却说:

"请回到话的开头。当你说'你怎么知道鱼的快乐的'时,你就已经知道我是知道鱼的快乐而故意问我的。我啊,在濠水之上知道的。"

从这番有趣的对话,可见二人怡乐的情形,虽是游玩,却不乏思量。

当庄子脱口而出说这鱼好快乐的时候,他是知道鱼乐的;而惠子从人与物相异,人与物相隔的立场质疑庄子知道鱼的快乐,而庄子又抓住了惠子言语当中的漏洞,用惠子的话来证明自己知道鱼的快乐。这一问一答,立刻显露出两人超常的智慧。

从庄子说"你是知道我知道鱼的快乐"的话,似乎有点勉强惠子,惠子是否真知道庄子知道鱼的快乐,我们不得而知。从《天下》中说惠子"其言也不中"的评价看,惠子未必就能够了解庄子的境界。但有一点,庄子是知道鱼的快乐的,他最后的"我在濠水之上知道的"那句话,就是强调自己知道鱼的快乐。庄子何以知道?就在于在庄子那里,人与物、人与人的那道间隔的"墙",早已被他拆除了,界限消失了,他能够了知万物的喜怒哀乐之情。

原文参考

庄子与惠子游于濠梁之上。

庄子曰:"儵鱼出游从容,是鱼之乐也。"

惠子曰:"子非鱼,安知鱼之乐?"

庄子曰:"子非我,安知我不知鱼之乐?"

惠子曰"我非子,固不知子矣;子固非鱼也,子之不知鱼之乐,全矣!"

庄子曰:"请循其本。子曰'汝安知鱼乐'云者,既已知吾知之而问我。我知之濠上也。"(《秋水》)

以理止暴[1]

赵文王喜欢剑,居住在王宫左右的剑士多达三千人,这些剑客日夜斗武,每年死伤的人超过百人。而赵文王的这个奢好似乎从未得到满足,三年下来,国力衰弱。手下的大臣们很是着急,太子悝更是为此忧心忡忡,于是,他召集左右的人说:

"谁要是能够说服大王,让他停止对剑士的喜爱,我可以赏赐他千金。"

左右的人都说:

"庄子应该行。"

太子立即派人给庄子奉送一千金。然而,庄子并不接受,却愿意与使者一同前去会见太子。一见到太子,庄子开门见山:

---

[1] 对于《说剑》这一篇,学界多有疑议,认为它不是庄子的作品。这里姑且不论其真伪,且说人们心目中的庄子形象。

"太子打算要我干什么,而赐我千金?"

"听说先生圣明,所以谨奉上千金,作为随从人员之用。可是先生不肯收,我哪还敢说什么。"太子看来有些无奈。

"听说太子想让我帮助大王放弃所喜好的事情,而这将使得臣对上忤逆大王的心意,对下又完不成太子交给的任务,如此,将身遭刑戮而死,我还能安心使用所赐的金么?要是臣对上能说服大王,而对下也对得起太子,那么向赵国要什么而不可得呢!"

"是的。我们大王所见到的人,只有剑士。"太子提醒庄子。

"行,庄周善于舞剑。"庄子看起来很有把握。

"然而,大王所见到的剑士都是蓬松着头发,鬓毛突出,头盔低垂,配粗而没有纹理的缨带,穿短后的衣服,瞪怒了眼睛,言语粗鄙,而大王很喜欢这样子的。先生如果穿着儒雅的衣服,一定会违逆大王之意。"太子是想恳请庄子也穿了剑士的服装去见赵王。

庄子倒很爽快,说:

"那就请为我配剑士的服装吧!"

三日后,剑服配好了,庄子穿了那身衣服,装束得跟那些剑士一个模样去见太子,太子随即带他去会见赵王。不料,见了赵王,赵王突然拔出剑来对着庄子;而庄子进入殿门的时候,也不像人们通常谒见赵王那样快步而趋,见了赵王也不叩拜。还是赵王先开口说话:

"你让太子来引见,你到底想拿什么来教导寡人?"

听得出来,赵王对庄子有些不屑一顾。

"臣听说大王喜欢剑,所以拿剑来见大王。"庄子不急不慢,态度也很矜持。

"你的剑有什么禁制?"

"我的剑十步杀一个人,一行千里而无对手。"

听了这话,赵王来劲了,说:

"那就是天下无敌了!"

"用剑之道,在于给对方不测之虚,使人猝不及防,后发而先至。请让我试一试。"

看到庄子要试剑的架势,赵王连忙说:

"先生停……停,先到宿舍休息待命,让寡人摆好试剑的擂台再请先生。"

之后,赵王立即召集剑士们相互比试了七天,其中伤残的就有六十余人,从中挑选了五六个人,让他们持剑在殿下等候,然后再诏庄子来,对他说:

"今天尝试使剑士试剑。"

庄子很爽快地回应:

"我盼望很久了。"

赵王又问:

"先生惯用的剑长短如何?"

"臣所使用的剑都可以的。然而,臣有三剑,可为王所用,请允许我说完话再试剑。"

"愿意听你的三剑。"

庄子侃侃而谈：

"有天子剑，有诸侯剑，有庶人剑。"

"天子剑如何？"

"天子之剑，以燕谿、石城为剑端，以齐国、泰山为剑刃，以晋国、魏国为剑背，以周国、宋国为环，以韩国、魏国为剑把，以四夷相包，以四时相裹，以渤海环绕，以常山相连，以五行相制约，以刑德相论，以阴阳开阖，以春夏相续，以秋冬行持。这剑向前伸则没有比它更前的，向上举则没有比它更高的，向下按则没有比它低的，转动起来则无旁物。它向上可劈开浮云，向下可截断地纪。这剑一用起来，可以匡正诸侯，天下归服。这就是天子之剑。"

赵文王听完了这些话，感到茫然与失落，又问：

"诸侯之剑是怎么样的？"

庄子继续说：

"诸侯之剑，以智勇之士为剑端，以清廉之士为剑刃，以贤良之士为剑背，以忠圣之士为剑环，以豪杰之士为剑把。这剑向前伸也没有比它前的，向上举没有比它高的，向下按没有比它低的，运转起来无旁物。它上效法圆天，以顺日月星三光；向下效法地，以顺四时；中间和畅民意，以安定四乡。这剑一用，如雷霆震动，四方之内，无不款服而听从其命令。这就是诸侯之剑。"

赵王再问：

"庶人之剑又是怎么样的？"

"庶人之剑啊,蓬松着头发,鬓毛突出,头盔低垂,配粗而没有纹理的缨带,穿短后的衣服,瞪怒了眼睛,言语粗鄙,彼此相互击杀,上斩颈领,下裂肝肺。这就是庶人之剑,与斗鸡没有两样。一旦命绝,于国家无任何用处。如今大王有天子之位,却好庶人之剑,臣为大王感到鄙薄。"

听完这番话,赵文王再也坐不住了,连忙下来亲自拉着庄子的手登上上殿,以表达自己的愧疚之情。负责君王膳食的官员摆上了食物,赵文王绕着桌子走了三圈,仍然难以平息下来。庄子说道:

"大王安坐定气,论剑之事已经向您陈述完了。"

从此,赵文王三个月不出宫廷,那些剑士们都在客舍里自杀身亡了。

以暴易暴,或者以暴止暴,从来都不是上策;晓以利害,以理止暴,方为上策。不过,在一个好斗嗜血的君王面前,能够把道理说得圆满动听,最终说服对方放弃好斗的品性,是要智勇俱全的人才可能做得到的,庄子就是这样的人。庄子先以一副剑士的模样,借以获得对方的认可,在其后的对话中,巧妙地将对方引入自己的逻辑,以犀利的言语刺痛他,使其陷入窘境,然后幡然醒悟。对于庄子来说,刀架在脖子上了,也面无惧色,所谓"威武不能屈"。有人说庄子的雄辩"冠绝古今",是再恰当不过的评价了。于此,也可见识到庄子的社会责任感,以及淡泊利益的品格。

原文参考

昔赵文王喜剑,剑士夹门而客三千余人,日夜相击于前,死伤者岁百余人。好之不厌。如是三年,国衰。诸侯谋之。太子悝患之,募左右曰:"孰能说王之意止剑士者,赐之千金。"

左右曰:"庄子当能。"

太子乃使人以千金奉庄子。庄子弗受,与使者俱往见太子,曰:"太子何以教周,赐周千金?"

太子曰:"闻夫子明圣,谨奉千金以币从者。夫子弗受,悝尚何敢言。"

庄子曰:"闻太子所欲用周者,欲绝王之喜好也。使臣上说大王而逆王意,下不当太子,则身刑而死,周尚安所事金乎?使臣上说大王,下当太子,赵国何求而不得也!"

太子曰:"然。吾王所见,唯剑士也。"

庄子曰:"诺。周善为剑。"

太子曰:"然吾王所见剑士,皆蓬头突鬓,垂冠,曼胡之缨,短后之衣,瞋目而语难,王乃说之。今夫子必儒服而见王,事必大逆。"

庄子曰:"请治剑服。"治剑服三日,乃见太子。太子乃与见王。王脱白刃待之。庄子入殿门不趋,见王不拜。王曰:"子欲何以教寡人,使太子先焉。"

曰:"臣闻大王喜剑,故以剑见王。"

王曰:"子之剑何能禁制?"

曰:"臣之剑十步一人,千里不留行。"

王大悦之,曰:"天下无敌矣。"

庄子曰:"夫为剑者,示之以虚,开之以利,后之以发,先之以至。愿得试之。"

王曰:"夫子休,就舍待命,令设戏请夫子。"

王乃校剑士七日,死伤者六十余人,得五六人,使奉剑于殿下,乃召庄子。王曰:"今日试使士敦剑。"

庄子曰:"望之久矣!"

王曰:"夫子所御杖,长短何如?"

曰:"臣之所奉皆可。然臣有三剑,唯王所用。请先言而后试。"

王曰:"愿闻三剑。"

曰:"有天子剑,有诸侯剑,有庶人剑。"

王曰:"天子之剑何如?"

曰:"天子之剑,以燕溪石城为锋,齐岱为锷,晋卫为脊,周宋为镡,韩魏为夹,包以四夷,裹以四时,绕以渤海,带以常山,制以五行,论以刑德,开以阴阳,持以春夏,行以秋冬。此剑,直之无前,举之无上,案之无下,运之无旁。上决浮云,下绝地纪。此剑一用,匡诸侯,天下服矣。此天子之剑也。"

文王芒然自失,曰:"诸侯之剑何如?"

曰:"诸侯之剑,以知勇士为锋,以清廉士为锷,以贤良士为脊,以忠圣士为镡,以豪桀士为夹。此剑直之亦无前,举之亦无上,案之亦无下,运之亦无旁。上法圆天,以顺三光;下法方地,以顺四时;中和民意,以安四乡。此剑一用,如雷霆之震也,四封之内,无不宾服而听从君命者矣。此诸侯之剑也。"

王曰:"庶人之剑何如?"

曰:"庶人之剑,蓬头突鬓,垂冠,曼胡之缨,短后之衣,瞋目而语难,相击于前,上斩颈领,下决肝肺。此庶人之剑,无异于斗鸡,一旦命已绝矣,无所用于国事。今大王有天子之位而好庶人之剑,臣窃为大王薄之。"

王乃牵而上殿,宰人上食,王三环之。庄子曰:"大王安坐定气,剑事已毕奏矣!"

于是文王不出宫三月,剑士皆服毙其处也。(《说剑》)

六 无用就是大用

| **大有大用**

有一天,惠子对庄子说起了他心里的一件苦恼事:

"魏王赠送了一个大葫芦的种子,我把它种了下去,结果长成了一个大葫芦,它的容量可以装五石的东西。我想拿它来装水,可它的坚固又不足以胜任;把它剖开作水瓢吧,又没有什么地方放得下它。它那空虚的样子的确是很大,可我觉得它没什么用,于是便把它打碎了。"

庄子听了,回答说:

"先生的确不会使用大的东西啊!我听说宋国有人善于做冬天使人手不冻裂的药,一家人世世代代都做同一件事情:漂洗丝絮。有个客人听说了,便请求用一百两金买这种药的药方。当家的人把全家都集合起来,与他们商议说:

'我们世世代代漂洗丝絮,挣的钱不过值几两金,如今有人愿意出百两的金买我们的方子,我看就卖给他吧!'

这客人如愿以偿,得到了这个药方,然后,他拿了这药方去说服了吴王。不久,越国向吴国发难,吴王便派了这人统帅吴国的军队,与越国人水战,结果,大败越国人。这人也因此获得了封爵。同样是一个不裂手的药,有的人拿了它就可以得到封爵,有的人却只能世世代代地漂洗丝絮,这就是'用在哪里'的差异。如今,你有可以盛五石的大葫芦,何不考虑把它用作盛酒的大樽,让它漂流于江湖,又何必忧虑没有地方可以放它呢?我看先生还是有蓬草蔽塞之心吧!"

大有大的用处,小有小的用处,无论大,或者小,不是没有用处,只看你会不会用它,有没有用对地方。惠子拙于用大,当他考虑到这个葫芦可以做水瓢的时候,却以为没有地方容得下它。而在庄子看来,你那个家的确是容不下它,可是江河容得下它呀!有的东西适合于实用,有的东西适合于观瞻。惠子长于用实,却拙于用虚,他总是从生活圈子的实用考虑"用",而不会从生活圈子之外考虑物尽其"用",当那葫芦做成了酒樽放在江河上漂流的时候,那不是绝美的景象么!换句话来说,偌大的江河不正差这么个大酒樽么!

庄子拿不裂手的药方来说事,确乎高妙!小小的药方,给两种人带来不同的命运,世代漂洗丝絮的人虽也懂得不裂手药方的作用,却只会往小处用它;买药方的客人也懂得药方的作用,却会往大处用,自然可以封爵了。对于事物用处大小的理解,总与用这些事物的人的心思大小有关,小心思的人只会往小处着想,大心思的人才可能往大处着想。

所以，庄子说惠子有蓬草蔽塞之心，不懂大有大的用处。

原文参考

惠子谓庄子曰："魏王贻我大瓠之种，我树之成而实五石。以盛水浆，其坚不能自举也。剖之以为瓢，则瓠落无所容。非不呺然大也，吾为其无用而掊之。"

庄子曰："夫子固拙于用大矣。宋人有善为不龟手之药者，世世以洴澼絖为事。客闻之，请买其方百金。聚族而谋曰：'我世世为洴澼絖，不过数金。今一朝而鬻技百金，请与之。'客得之，以说吴王。越有难，吴王使之将。冬，与越人水战，大败越人，裂地而封之。能不龟手一也，或以封，或不免于洴澼絖，则所用之异也。今子有五石之瓠，何不虑以为大樽而浮乎江湖，而忧其瓠落无所容？则夫子犹有蓬之心也夫！"

(《逍遥游》)

臭椿树的去处

惠子又对庄子说：

"我有一棵大树,人们叫它臭椿树。它的主干很臃肿,但不符合绳墨的要求;它的枝干卷曲,不合乎规矩。它立在路边,木匠经过的时候,看也不看它一眼。先生的话,也如同这臭椿树一样,大而无用,大家都不会听从你的。"

惠子这话是针对庄子说惠子"拙于用大"的话,意思是你的话虽然宏大,但不切实际。庄子则回答道：

"你没有看见那野猫和黄鼠狼吗？它们低低地潜伏其身,等待遨游的老鼠,它们在捕捉猎物的时候,东西跳跃,无论高下,那身姿可是矫健了。然而,它最终的结局是:要么被猎人射中,要么死在猎人为它们设置的网罗之中。你没看见那牦牛吗？它的身体之大像是垂在天上的云。这么大的身体,却连个老鼠也逮不了。如今,你有这么大的一棵树,担心它没有用处,何不考虑把它放在'乌何有'的地方,广漠的原野之上。而人们可以在它周围无事无为地徘徊徘徊，自由自在地在它的荫庇下睡上一觉。这臭椿树不会因为有用处，而担心被人砍了，也没有什么会加害于它。正是因为没有什么地方可以用到它，它才没什么可忧虑的。"

显然，惠子对庄子说他"拙于用大"很不开心，于是，又给庄子出了一道难题，想必庄子解不开它。然而，庄子正好借它来发挥自己无用就是大用的思想。

在庄子看来，惠子你不是讲求实用吗？与牦牛比起来，野猫与黄鼠狼的本领算是够大的了，能够做不寻常的事情，可是怎么样呢？还不是被猎人拿下了么！所以呀，最有用的可能也是最有害的。

就说臭椿树吧，它的确是木匠认为的无用，可是你要是把它放在最恰当的地方，它就有大用。要是人们在广漠之野上旅行，茫茫沙漠，寸草不生，人们在困顿之极突然看到了这棵臭椿树，那该有多么的惊喜啊！

庄子看待事物，与惠子不同，惠子从我出发，看待事物是否"有用"。庄子则从物我出发，既要看我会不会用这物，会用其长处，就是大用；又设身处地从这物本身考虑，对野猫与黄鼠狼来说，是"有用"结果了它们的性命，对臭椿树来说，"无用"成全了它的生命，不至于招来匠人算计它。

原文参考

惠子谓庄子曰:"吾有大树,人谓之樗。其大本拥肿而不中绳墨,其小枝卷曲而不中规矩。立之涂,匠者不顾。今子之言,大而无用,众所同去也。"

庄子曰:"子独不见狸狌乎?卑身而伏,以候敖者;东西跳梁,不避高下;中于机辟,死于罔罟。今夫斄牛,其大若垂天之云。此能为大矣,而不能执鼠。今子有大树,患其无用,何不树之于无何有之乡,广莫之野,彷徨乎无为其侧,逍遥乎寝卧其下。不夭斤斧,物无害者,无所可用,安所困苦哉!"(《逍遥游》)

栎社树的隐秘

一群木匠去齐国,他们到了曲辕这个地方,见到了一棵栎树。这棵树被当地人当成了土地神。这树大到能够遮蔽数千条牛,树干有一百围那么粗,比山还高十来丈,之后才长树枝。如果拿它来做船的话,可以做十几艘。前来观赏它的人如同赶集,可是,有个木匠师傅路过的时候,看也不看它一眼,就继续走他的路。而他的弟子则看了个够,等到他赶上师傅的时候,就问:

"自从我跟您学木匠以来,从没有看到过这么美的树。可是先生不肯看它,继续行路,这是为什么?"

师傅回答道:

"罢了!不要再说了!那不过是不中用的散木而已。拿它做船吧,它就往水里沉;拿它做棺椁吧,它很快就腐烂;拿它做器材吧,它很快就毁坏;拿它做门户吧,它又往外流树液;拿它做柱子吧,它又容易被虫蛀。这是一种不中用的树。由于没有任何用处,所以它才这么长寿。"

木匠回去了之后,栎社树给木匠托了梦,对他说:

"你拿什么东西与我相比较?你拿我与可用之材相比吗?山楂、梨树、橘子、柚子,或果蓏之树,果实熟了就会剥离,而剥离一次就受一次辱,大的树枝被折断了,小的树枝被牵曳了。由于它们的用处使它们陷入如此苦不堪言的境地,所以,都没有享尽天年而中途夭折了,自我招来世俗的剖击。所有的物都是这样的。再说我吧,想寻求'无所可用'已经很久了,几乎被砍死了,如今才得到了这个位置,这就是我的大用。假使我也对人有用的话,能有如今这么大的身材而且长寿吗?而你与我也都是物,何必要彼此看成可用或不可用的物呢?你是几乎要死的散人,又哪里了解散木呢?"

木匠醒了之后的第二天,便与弟子一起来占这个梦。弟子说:

"追求无用,就可以成为土地神吗?"

"嘘!不要说出去!它仅仅托梦给我而已,只是因为我不了解而侮辱它的原因。如果不能成为土地神,就几乎要被人砍伐了。再说,它保存自己生命的方法与众物不同,如果以常理来比拟它,不是太失分寸吗?"

一无是处的栎树,尽然成了土地神,这正是:无用即大用。

颇有意味的是,通过托给木匠师傅的一个梦,栎树开口说话了,而且它的话还很耐人寻味,一来它说出了自己的秘密,仰仗"无所可用",它保全了自己的性命,免遭世人的凌辱,而且成了众人争相观瞻、敬仰的神树;二来它也反唇相讥,你不是把我看成无用的"散木"吗,那么我也把你看成几乎将死的"散人",而且,我们不过都是"物"而已,物与物相交,连彼此相知都达不到,又哪里有资格说对方是有用或无用呢?当你说"散木"无用的时候,正好证明它有大用。

而物与物最终达到相知,却是通过一个梦实现的。

庄子还说了商丘和宋国荆氏种树的故事,大都是把"不材"看成"异材",神人恰好以此作大用大祥之材使用。

原文参考

匠石之齐,至于曲辕,见栎社树。其大蔽数千牛,絜之百围,其高临山十仞而后有枝,其可以为舟者旁十数。观者如市,匠伯不顾,遂行不辍。弟子厌观之,走及匠石,曰:"自吾执斧斤以随夫子,未尝见材如此其美也。先生不肯视,行不辍,何邪?"

曰:"已矣,勿言之矣!散木也。以为舟则沉,以为棺椁则速腐,以为器则速毁,以为门户则液樠,以为柱则蠹,是不材之木也。无所可用,故能若是之寿。"

匠石归,栎社见梦曰:"女将恶乎比予哉?若将比予于文木邪?夫柤梨橘柚果蓏之属,实熟则剥,剥则辱。大枝折,小枝泄。此以其能苦其生者也。故不终其天年而中道夭,自掊击于世俗者也。物莫不若是。且予求无所可用久矣!几死,乃今得之,为予大用。使予也而有用,且得有此大也邪?且也若与予也皆物也,奈何哉其相物也?而几死之散人,又恶知散木!"

匠石觉而诊其梦。弟子曰:"趣取无用,则为社何邪?"

曰:"密!若无言!彼亦直寄焉!以为不知己者诟厉也。不为社者,且几有剪乎!且也彼其所保与众异,而以义喻之,不亦远乎!"(《人间世》)

衰落的凤凰

《人间世》记述了孔子南游到楚国的故事。

楚国的隐士接舆走到孔子的门前,大声地唱了起来:

"凤凰啊,凤凰啊,怎么这么衰落呀!未来的世界不可以等待,过去的世界不可以追回来。天下有道,圣人会成就天下;天下无道,圣人也只能苟全性命。如今之时,仅仅免遭刑戮而已!幸福比鸿毛还轻,没有人知道如何承受;灾祸比大地还厚重,没有人知道规避。算了吧,算了吧,以德教人!危殆啊,危殆啊,在地上画出行迹,要人遵循!迷阳迷阳,不要伤我的脚!我行随顺物性,不要伤我的足!"①

狂接舆的唱词把孔子比喻为凤凰、圣人,这是对孔子的尊敬;而对孔子乐此不疲地推行他的德治天下,试图恢复已经过去的周礼,则讽喻他不知危殆,不知时势。

---

① 依高亨《诸子新笺》的解释,迷阳为一种带刺的小草。

接下来，庄子发表了评论：

"山林的树木自招致砍伐，膏火自招致煎熬。桂树可以吃，所以被砍伐；漆树可以用，于是有人去割它。人们都知道有用之用，不知无用之用。"

庄子的看法比狂接舆更进了一步，意思是孔子追求德治，以为有用于当世，其实不知德已经衰落到仅仅苟全性命的地步了，与其恪守那早已过时的周礼，不如使人们复归于素朴，素朴看似无用，其实是大用。

在《外物》中，又有一段记述惠子与庄子的对话，惠子开口便说：

"先生的话无用。"

庄子则回答说：

"知道了'无用'的人，才可以与他谈论'有用'。大地不能不说它广大，然而人所用的只是能够容得下脚那么大的地方而已。如果把立足以外的地方向下挖掘，周围都掘成了深渊，那么人立足之外的地方还有用吗？"

"没有用。"惠子似乎不假思索地回答。

庄子则说：

"那么，无用就是用，这个道理就很明白的了。"

庄子的意思是说，人立足的地方通常被看作有用，可是如果把看来"无用"的周围都挖成了深渊，那么人还能稳当地站在刚刚可以立足的有用之地么？所以，周围无用的地方，其实就是不可或缺的用处。有两种情形值得注意，一是有用的东西是以无用的存在作为前提的，没有这无用，那有用也不存在，就像"立足"之外"无用"的地方；二是所谓无用，只是暂时没有用场，在某些时候，无用成了决定的力量，就像人们常说的"压垮某人的最后一根稻草"那样。

原文参考

孔子适楚，楚狂接舆游其门曰："凤兮凤兮，何如德之衰也。来世不可待，往世不可追也。天下有道，圣人成焉；天下无道，圣人生焉。方今之时，仅免刑焉！福轻乎羽，莫之知载；祸重乎地，莫之知避。已乎，已乎！临人以德。殆乎，殆乎！画地而趋。迷阳迷阳，无伤吾行。吾行郤曲，无伤吾足。"

山木，自寇也；膏火，自煎也。桂可食，故伐之；漆可用，故割之。人皆知有用之用，而莫知无用之用也。(《人间世》)

惠子谓庄子曰："子言无用。"

庄子曰："知无用而始可与言用矣。夫地非不广且大也，人之所用容足耳，然则厕足而垫之致黄泉，人尚有用乎？"

惠子曰："无用。"

庄子曰："然则无用之为用也亦明矣。"(《外物》)

七 天地大美

美者自美

《山木》记述了一段阳朱的故事。①

阳朱到宋国去,半途中在一个旅舍夜宿。见到旅舍的主人有两个小妾,其中一个人美丽,另一个丑陋。看起来,这两个女人的地位有贵贱之分,那丑陋的女人显得受尊重,而美丽的那个女人地位低贱。阳子就向店小二打听为什么丑陋的女人受到尊重,而漂亮的女人反而受轻视。小二对阳子说:

"那美丽的人自以为美,我不知道她是如何的美。那丑陋的人自以为丑陋,我也不知道她是怎样的丑。"

阳朱转而对弟子们说:

"弟子们记住了,行的是贤明的事,但要抛却自以为贤明,那么到哪里去不会受人尊敬呢?"

---

① 阳朱,道家学者。

那美的女人肯定是美的了，而丑的女人也一定丑了，阳朱一到店就看出来了，但美的也自以为美，丑的也自以为丑，结果却出现了令阳朱也感到蹊跷的事，美者低贱，丑者尊贵。不是自认为丑陋就低贱，或自认为美丽就尊贵，而是她们的同事和伙计如何看待她们。漂亮的人因为自己也看重自己的漂亮，却使周围的人忘记了她的漂亮；丑陋的人因为自己认为丑陋，倒使周围的人忘记了她的丑陋。

阳朱从这个事例中看出了道理，自以为贤明的人，别人却不那么看你。你的身段越是低调，越容易受到别人的尊敬。

原文参考

阳子之宋，宿于逆旅。逆旅人有妾二人，其一人美，其一人恶。恶者贵而美者贱。阳子问其故，逆旅小子对曰："其美者自美，吾不知其美也；其恶者自恶，吾不知其恶也。"

阳子曰："弟子记之：行贤而去自贤之行，安往而不爱哉！"（《山木》）

雕琢复朴

郑国有个叫季咸的神巫,①据说能知人的生死、存亡、祸福、寿夭,预言某年、某月、某旬、某日将发生什么事情,料事如神。郑国的人见了他,都赶紧躲开了,生怕被他抓住看出什么来。

列子见了季咸后,对他的巫术着了迷,②回去就对自己的师傅说:

"开始的时候,我以为先生所修的道是最高的道术,现在我看到有更高的道术了。"

壶子听了之后说:

"我教给你的只是表面的东西,还没有教给你的是实质的东西,你怎么可能就得道了呢!要是一群母鸡没有一个雄鸡,又怎么产生鸡卵呢!你以尚未得道之心与世俗相抗衡,一定会

---

① 古代专门从事祭祀、占卜的人,专以通鬼神为业。
② 列子,列御寇。

被江湖小术所迷惑,所以使人看你的相。你设法叫他来,给我看看。"

第二天,列子带着季咸来见了壶子。那人出来之后,就对列子说:

"嗨!你先生要死了,不得活了,不过十来天的时间了。我见到了怪异的征候了,我见到浸湿的灰了!"

列子听了这话很惊惧,哭泣着告诉了壶子。然而,壶子不以为然,却说:

"刚才我给他出示地象,萌然不动不正,这大概是季咸所见到的我的至德之机的闭塞状态。你让他再来。"

又一个第二天,列子带季咸再来看了壶子。出来之后,季咸对列子说:

"幸运啊!你的先生遇到了我,他的病有好转的迹象了。看起来全然有活下来的希望,我见到了闭塞中的转机了。"

列子赶紧把刚才季咸的话告诉了壶子。壶子则说:

"刚才我给他看过天地、阴阳两仪相合的气象,虚名实利都不得进入其间,而生机发动于脚跟。这大概是他见到了我的好的转机吧!你让他再来。"

再一个第二天,列子带着季咸来看壶子。出来之后,季咸对列子说:

"你的先生心迹不定,我无法看清他的面相。设法让他静定下来,我再来看他。"

列子把季咸的话又转告了壶子。壶子说:

"我刚才给他看到太虚、心迹动静不相胜的气象,这大概是他见到我的阴阳平衡的气机了。鲵、桓这样的大鱼积聚在一起形成渊,静寂明照之水积聚起来为渊,湍急流水积聚也为渊,渊有九种名字,这里就有三个。你再要他来。"

又一天,列子带季咸来见壶子。然而,季咸还没有站定,就神态自失,转身就走了。壶子说:

"快去追!"

可是,列子没有追上,他只好返回了,对壶子说:

"他已经不见踪影了,已经不知跑到哪里去了,我没能追上。"

壶子这才说:

"刚才我让他看到了怀道集虚、幽冥不测的意象,我忘怀无心,随顺物化,似无所执系,难以名状我究竟是谁,随之放任顺从,随之扬波尘俗,所以,他只好逃走了!"

自那以后,列子意识到季咸之术浅陋、壶子之道深奥,而自己并没有学到真学问,于是请求返归,三年不出外,只在家里为妻子烧火煮饭,他给猪喂食如同给人喂食,对于所有的事情都没有亲疏差别。在自己的习性修养上,雕琢复朴,像个槁木那么天真自然,无论外面的世界多么纷繁杂陈,他都不入于心,终生如一。

季咸所修的只是一种"术",所以可以眩惑常人;壶子修养的是"道",道不显露,人们自然不知其深浅。列子拿修养不深的功夫与市井流行的"术"相比,难免陷于困惑。而季咸之所以最后逃跑了,那是他意识到自己的小术难敌壶子的大道。

列子意识到自己的浅陋无知,能迷途知返,重新开始修养。而他所厉行的修养,集中在"雕琢复朴"几个字上,"雕琢"是依照修道的要求,经过精巧的用心,意志的磨砺,把自己塑造成为一个真正的"道人";而"复朴"则是"雕琢"的方向和目的。不经雕琢,成不了大器;大器却必当是返还、复原于朴。就像壶子那样,连他的弟子列子也看不出他"水有多深"、道有多大。

原文参考

郑有神巫曰季咸,知人之死生存亡、祸福寿夭,期以岁月旬日若神。郑人见之,皆弃而走。列子见之而心醉,归,以告壶子,曰:"始吾以夫子之道为至矣,则又有至焉者矣。"

壶子曰:"吾与汝既其文,未既其实。而固得道与?众雌而无雄,而又奚卵焉!而以道与世亢,必信,夫故使人得而相汝。尝试与来,以予示之。"

明日,列子与之见壶子。出而谓列子曰:"嘻!子之先生死矣!弗活矣!不以旬数矣!吾见怪焉,见湿灰焉。"

列子入,泣涕沾襟以告壶子。壶子曰:"乡吾示之以地文,萌乎不震不正,是殆见吾杜德机也。尝又与来。"

明日,又与之见壶子。出而谓列子曰:"幸矣!子之先生遇我也，有瘳矣！全然有生矣！吾见其杜权矣！"

列子入，以告壶子。壶子曰："乡吾示之以天壤，名实不入，而机发于踵。是殆见吾善者机也。尝又与来。"

明日，又与之见壶子。出而谓列子曰："子之先生不齐，吾无得而相焉。试齐，且复相之。"

列子入，以告壶子。壶子曰："吾乡示之以以太冲莫胜，是殆见吾衡气机也。鲵桓之审为渊，止水之审为渊，流水之审为渊。渊有九名，此处三焉。尝又与来。"

明日，又与之见壶子。立未定，自失而走。壶子曰："追之！"

列子追之不及。反，以报壶子曰："已灭矣，已失矣，吾弗及已。"

壶子曰："乡吾示之以未始出吾宗。吾与之虚而委蛇，不知其谁何，因以为弟靡，因以为波流，故逃也。"

然后列子自以为未始学而归。三年不出，为其妻爨，食豕如食人，于事无与亲。雕琢复朴，块然独以其形立。纷而封哉，一以是终。（《应帝王》）

西施与东施

孔子到西边的卫国去,他的弟子颜渊向鲁国的太师金请教:

"您认为先生这次出行会怎么样?"

太师金回答:

"可惜啊!你的先生将遭受困穷啊!"

"为什么呢?"颜渊急忙追问。

太师金却跟颜回说了一套道理:

"走水路莫若用船,走陆地莫若用车。如果看到船在水里行走,就把船往陆地上推,那么一辈子也推不了多远的。古代和现在,不就如同水里和陆地么?商周与鲁国不就是船和车么?勉强在鲁国推行商周时候的做法,也就是在陆地上推船呀!劳而无功,身体必将遭受祸殃。……三皇、五帝的那些礼义法度,其珍贵的地方不在于前后彼此相同,而在于它们能够根据情形的不同而治理。这些礼义法度,不就像山楂、梨子、橘子、柚子一样吗？每一样的味道都完全不同，却都合于人的口味。所以呀，礼义法度，都应该因应时代而变化。如今给猴子穿上周公的衣服，那猴子肯定会用嘴咬破，用爪子撕裂它们，直到把衣服甩得干干净净才罢休。古代与当今的差别，如同猴子与周公之间的不同一样。西施由于心绞痛而皱起了眉头，而同乡里的丑女人看到了，觉得那样子极其美丽，于是回去也捧着胸口做出了个皱眉头的样子，邻里的富贵人家看了，立刻把门关上不出去了；穷人见了，也拉着老婆孩子赶紧离开了。那丑女人只知道皱起眉头的美丽，却不知道西施皱起眉头之所以美丽的原因。可惜啊，你的先生必定遭困穷啊！"

孔子一生周游列国，推行他的政治理想，试图回到西周时候去！然而，四处碰壁，受人冷落，甚至数次遭人围困，几乎陷入绝境。可是，孔子并没有放弃他的理想，停止他的政治活动，以至到了"知其不可而为之"的地步。这次出行到卫国去，试图说服卫国的国君，因而太师金预计孔子难免再一次陷于穷困的境地。

然而，通过太师金的嘴巴，却说出了颇具智慧的三个事例：

水陆与船车之用，商周时候行的是"船"，当今的鲁国行的是"车"，不同时代走的是不同的"路"，所以不能勉强在当今鲁国的陆地上推行商周的"船"。

山楂、梨子、橘子、柚子如同礼仪法度，味道相反而相成，各有各的妙用，如拿商周的礼仪法度规范当今的人，如同给猴子穿上周公的服装,它会欣赏吗?

西施因为心绞痛而皱起了眉头,路人见了莫不怜惜,那是因为西施本身美丽,美人皱眉也美丽。而长得丑的女人可以学出西施皱眉的样子,却学不来西施的美丽,所以,丑人皱眉更丑了,人人见了都不忍看。这个故事后来演变成了一个成语:东施效颦。

原文参考

孔子西游于卫,颜渊问师金曰:"以夫子之行为奚如?"

师金曰:"惜乎!而夫子其穷哉!"

颜渊曰:"何也?"

师金曰:"夫刍狗之未陈也,盛以箧衍,巾以文绣,尸祝齐戒以将之。及其已陈也,行者践其首脊,苏者取而爨之而已。将复取而盛以箧衍,巾以文绣,游居寝卧其下,彼不得梦,必且数眯焉。今而夫子亦取先王已陈刍狗,聚弟子游居寝卧其下。故伐树于宋,削迹于卫,穷于商周,是非其梦邪?围于陈蔡之间,七日不火食,死生相与邻,是非其眯邪?夫水行莫如用舟,而陆行莫如用车。以舟之可行于水也,而求推之于陆,则没世不行寻常。古今非水陆与?周鲁非舟车与?今蕲行周于鲁,是犹推舟于陆也!劳而无功,身必有殃。彼未知夫无方之传,应物而不穷者也。且子独不见夫桔槔者乎?引之则俯,舍之则仰。彼,人之所引,非引人者也。故俯仰而不得罪于人。故夫三皇五帝之礼义法度,不矜于同而矜于治。故譬三皇五帝之礼义法度,其犹柤梨橘柚邪!其味相反而皆可于口。故礼义法度者,应时而变者也。今取猨狙而衣以周公之服,彼必龁啮挽裂,尽去而后慊。观古今之异,犹猨狙之异乎周公也。故西施病心而矉其里,其里之丑人见之而美之,归亦捧心而矉其里。其里之富人见之,坚闭门而不出;贫人见之,挈妻子而去之走。彼知矉美而不知矉之所以美。惜乎,而夫子其穷哉!"
(《天运》)

观察天地之美

庄子的文字与故事想象,都极富美感,其中自有他对于审美的独特理念,一个最为基本的理念就是自然之美。

在《知北游》中,记述了"天地有大美而不言"的论述:

天地有大美却不会自己言说,春夏秋冬四季有明确的规律却不议论,万物有自身的道理也不会讲出来。圣人之所以叫作圣人,就在于他会根据天地之美而通达明晓万物的情实。历史上的那些至人、圣人,都很善于观察天地之美,而不自作主张。

天地富有最大的美,而世上最美的东西莫过于天地的造化。在庄子看来,一物自有一物的美,而人的审美在于能够识别出这一物的美。在《逍遥游》里,惠子说自己有一棵其丑无比的臭椿树,从来没有人眷顾它;又说有一个偌大无比的葫芦,不知道在哪里放置它。庄子则认为惠子不会使用它们,如果把臭椿树放在广漠之野,那么人人都愿意眷顾它;如把葫芦放在江海之上，它就成为人人喜欢观瞻的景象。所以，一物之美，在于把它放在合适的地方，它的美就显露出来了。

自然之美虽然是庄子的至爱，可他会否定艺术之美吗？

庄子也不否认艺术之美，他也承认雕琢可以使一个原本不怎么美的东西变得美，只是他认为自然美是基本的美，艺术的美最终也还要回归到自然，无论艺术家如何匠心独具，都应当复归于朴，任何雕琢的痕迹都是对美的扼杀。

《山木》中记述了一个北宫奢建造大钟的故事。有人问他有什么样的艺术构想，北宫奢回答：

"我只是抱守纯一之道，其他方面不敢有任何想法。我听说'既雕既琢，复归于朴'。所以，所有的材料来了，如果来的是横直的材料，我会迁就了它；如果是弯曲的材料来了，我也依随了它，对它们毫毛不伤。"

即便现在，自然主义的建筑艺术也仍然是因循这种思路的。而且，不管你以什么样的美学思路从事艺术，"既雕既琢，复归于朴"都是最终的选择，即便是不自然的材料、反自然的思路，艺术的成果仍是需要自然性的。

原文参考

天地有大美而不言，四时有明法而不议，万物有成理而不说。圣人者，原天地之美而达万物之理。是故至人无为，大圣

不作,观于天地之谓也。(《知北游》)

　　北宫奢为卫灵公赋敛以为钟,为坛乎郭门之外,三月而成上下之县。王子庆忌见而问焉,曰:"子何术之设?"

　　奢曰:"一之间无敢设也。奢闻之:'既雕既琢,复归于朴。'侗乎其无识,傥乎其怠疑。萃乎芒乎,其送往而迎来。来者勿禁,往者勿止。从其强梁,随其曲傅,因其自穷。故朝夕赋敛而毫毛不挫,而况有大塗者乎!"(《山木》)

螳臂当车

"螳臂当车"这个典故出自《庄子·人间世》。鲁国的贤者颜阖将要去做卫灵公的太子的师傅,临行前向智者蘧伯玉请教,说:

"有这么个人,其德性该当天杀。要是没有办法教化他,就会危及国家社稷;要是有办法教化他吧,又会危害到我自身。他人啊,其智识足以知道百姓什么事情做错了,却从来不反省根源在于君主自身。像这样的人,您看我该咋办?"

蘧伯玉回答道:

"这是个好问题。你啊,对此要戒惧、谨慎,先端正你自身。让你的姿态看起来很迁就他,内心看起来很附和他。虽然这么说,其实真要这么做也是很有问题的。你啊,迁就他,却并未与他相同;附和他,也并不如同己出。要是你迁就他并完全与他相同,那么就会颠覆灭绝,就会崩摧败坏;要是你附和他而如同己出,那就是为了声名,就会助长他作妖作孽。他像个婴儿,你也像个婴儿;他像田野那么无畦界,你也像他那么无畦界;他要是心无涯际,你也随他无涯际。通达于此,就几乎没有毛病了。

你有没有看见过螳螂啊?它奋力张开自己的双臂,试图挡住正开过来的大车,可是它不知道自己的力量不能胜任这样的事啊!这就是它自恃其才能之美的原因。由此看来,你确实要警惕、慎重啊。如果你积蓄才能又自我欣赏,并以此惹到那人,你也就很危险了!"

借这段对话,庄子表达了这样的见识:如果你一定要去辅佐一个无德性可言的君主的话,那么你不能不靠近、甚至亲近他,让他感觉到你与他在行为和内心上都是完全一样的;可是到此你就要留神了,千万不可同流合污,不可助长他的劣习,要有一道连他也觉察不到的界限。然后,你再想办法去影响他,改善他。但是,遇到这样的人,你不可过于相信自己的才能,以为可以改变一切,使这个本该遭天杀的人变成一个贤明的人。如果你一定要这么做的话,也就如同螳臂当车一样,可笑且无济于事。

原文参考

颜阖将傅卫灵公大子,而问于蘧伯玉曰:"有人于此,其德天杀。与之为无方则危吾国,与之为有方则危吾身。其知适足以知人之过,而不知其所以过。若然者,吾奈之何?"

蘧伯玉曰:"善哉问乎!戒之,慎之,正女身也哉!形莫若就,心莫若和。虽然,之二者有患。就不欲入,和不欲出。形就而入,且为颠为灭,为崩为蹶;心和而出,且为声为名,为妖为孽。彼且为婴儿,亦与之为婴儿;彼且为无町畦,亦与之为无町畦;彼且为无崖,亦与之为无崖;达之,入于无疵。汝不知夫螳螂乎?怒其臂以当车辙,不知其不胜任也,是其才之美者也。戒之,慎之,积伐而美者以犯之,几矣!(《人间世》)

八 小大之辯

鲲鹏与小鸟的对话

在古老的志怪文体《齐谐》里面，记述了一个鲲鹏的传说，在"商汤问棘"的传说中也谈到了同样的事情，但这个传说原本可能只有很简练的记载，它的意义却被庄子很好地开掘出来了，庄子在《逍遥游》中详述了这个故事：

据说在北方的不毛之地，有一个大海，那海又被人叫作"冥海"，或者"天池"。在那海里面有一条大鱼，名字叫"鲲"。这鱼很大很大，没有人能够准确地说出它究竟有多大，只知道它宽有几千里，不知道它有多长。在北海里面蓄养久了，它逐渐蜕变成了一只大鸟，人们把它称为"鹏"。鲲一旦变为鹏，也就难以继续在北海里面容身，它要从海里面腾飞了。然而，它的腾飞是一件惊动天地的事件。只见它搏击水面三千里，掀起了耸立在水天之间的羊角形状的巨大旋风，乘着这股旋风，它奋起怒飞，一直就飞到了九万里的高空，从地面上看去，像是挂在天际之间的乌云。然后，人们看到它向南方飞了去。据说，它是要到南海去,一飞就是六个月。

鹏鸟这一飞撼动天地,也撼动了生活在蓬蒿之间的蝉和斑鸠,它们彼此交谈起来,用嘲笑的口吻说:

"我使尽全身的力气往上飞,至多也就冲上了榆树或者檀树什么的,有时候还没冲得上去又掉下了地,为什么那鹏鸟要飞到九万里的高空,还要向南飞?"

在这里,庄子也开始感叹了:

"这两个小虫哪里知道啊?"

庄子所说的小鸟不知道什么呢?从庄子这句感叹中可以得出两个正解:一是小鸟不知大鹏的志向,二是小鸟不知大鹏的难处。大鹏从北海远徙南海,自然是有所图的,依照庄子的意思,它是要图个逍遥,图个自在与自由。北海的栖息地已经不能满足它了,这才向南迁徙。小鸟以自己的处境来猜度大鹏,以为自己在蓬蒿之间足以逍遥自由,何必飞那么高、那么远。然而,能否说小鸟在蓬蒿之间就没有逍遥自由了呢?显然,这不是庄子的意思。小鸟在蓬蒿之间也是一种逍遥自由,只是它难以理解大鹏的逍遥自由要飞那么高远才能获得,这就是大有大的难处!所以,庄子这才说:

"这就是小与大的区别!"

原文参考

　　北冥有鱼，其名为鲲。鲲之大，不知其几千里也。化而为鸟，其名为鹏。鹏之背，不知其几千里也。怒而飞，其翼若垂天之云。是鸟也，海运则将徙于南冥。南冥者，天池也。

　　《齐谐》者，志怪者也。《谐》之言曰："鹏之徙于南冥也，水击三千里，抟扶摇而上者九万里，去以六月息者也。"野马也，尘埃也，生物之以息相吹也。天之苍苍，其正色邪？其远而无所至极邪？其视下也，亦若是则已矣。

　　且夫水之积也不厚，则其负大舟也无力。覆杯水于坳堂之上，则芥为之舟。置杯焉则胶，水浅而舟大也。风之积也不厚，则其负大翼也无力。故九万里则风斯在下矣，而后乃今培风；背负青天而莫之夭阏者，而后乃今将图南。

　　蜩与学鸠笑之曰："我决起而飞，抢榆枋，时则不至而控于地而已矣，奚以之九万里而南为？"适莽苍者，三飡而反，腹犹果然；适百里者，宿舂粮；适千里者，三月聚粮。之二虫又何知！（《逍遥游》）

长寿与短命

在《逍遥游》中，庄子也谈起了小年与大年的问题，小年与大年说的是生命的长短问题，庄子说：

"小的智慧比不了大的智慧，小年比不了大年。我们怎么知道的呢？朝生暮死的菌类，就不知道一月里面有晦朔两端；寒蝉春生夏死，它不知道一年里有春夏秋冬四季；楚国的南面有一个称为冥灵的树，以五百岁为它的春季，以五百岁为它的秋季；再说上古的时候，有一棵大椿树，以八千岁为它的春季，以八千岁为它的秋季；至于说到彭祖这个人嘛，至今都以长寿而著名，众人要与他比长寿，不是会感到悲哀么！"

与菌类相比，寒蝉是长寿的，可是寒蝉连一年有四季都不知道，它敢称长寿吗？一般植物，百年以上的岁数，我们都要说它是老树了，可是与五百岁为春、五百岁为秋的冥灵之树相比，不都是短命的吗？而以千岁为春秋的"冥灵"敢自称老树吗？

还有八千岁为春、八千岁为秋的大椿树呢！而人类,百岁可称世纪老人,可传说彭祖自古到今就没死,又有谁敢与他比长寿！在历史的长河中,世上的所有事物都是暂时的,我们所有的人都只是匆匆的过客。既然一切都只有暂时的性质,那么平常我们所说的大小、长短,都不是绝对的,只是相比较来说是大是小,是长是短。

庄子借助于小大之辩,创立了古今闻名的相对主义哲学。庄子的基本意思是:我们所能看到的、接触到的、理解到的所有事事物物,都是相对的,切不可把那些暂时性质的大小、长短、贫富、贵贱、智愚看绝对了、看死了,只能灵活地看、聪明地看。看绝对了、看死了,就是小视野;而灵活地看、聪明地看,就是大视野。我们既能够借助小视野看出所有的分别,又需要借助大视野看出所有的齐同、无差别。所以,庄子在《齐物论》里进一步阐述道:

"天下没有比秋天的毫毛更大的,而泰山也算小;没有比夭折的小孩更长寿的,而彭祖也可以算是短命的。天地与我同时产生,万物与我为一体。"

有人说庄子竟然颠倒黑白,把泰山说成是小,把秋天的毫毛说成大;把长寿的彭祖说成短命,把夭折的小孩说成长寿。这显然是不理解庄子。庄子的意思无非说,比起更小的东西,秋天的毫毛是大;比起更大的东西,泰山也是小;与死在胎中的胎儿相比,短命的小孩是长寿的;与永无死期的神人相比较,彭祖也是短命的。至于说我与天地、我与万物之间,既然我们能够把差别、界限看成暂时的、相对的,那还有什么东西不可以看作齐同的呢?

原文参考

小知不及大知,小年不及大年。奚以知其然也?朝菌不知晦朔,蟪蛄不知春秋,此小年也。楚之南有冥灵者,以五百岁为春,五百岁为秋;上古有大椿者,以八千岁为春,八千岁为秋。而彭祖乃今以久特闻,众人匹之,不亦悲乎!(《逍遥游》)

夫天下莫大于秋毫之末,而太山为小;莫寿乎殇子,而彭祖为夭。天地与我并生,而万物与我为一。(《齐物论》)

鱼儿要是见了美人会怎样

人们说美人是人见人爱,美人在痛苦、发愁的时候都惹人爱,这如同人爱看花一样,只要是好的花,谁不爱看呢?可是,在《齐物论》中,庄子却说了相反的事情:

毛嫱、丽姬,这是大家都公认的美女,人人都很赞赏她们的美貌,可是,这美人要是鱼儿、鸟儿、麋鹿见了的话,也会欣赏她们的美丽吗?鱼儿见了她们会立即潜入水深之处,鸟儿见了会赶快飞得高高的,麋鹿见了会迅速地逃离。那么谁能知道什么才是天下真正的美丽呢?

毛嫱、丽姬,人人看来美丽,而在鱼儿、鸟儿、麋鹿等看起来,就未必了。庄子并不怀疑人所共美的事实,但是,在这些动物眼里,什么才是美丽的呢?而在动物看来是美丽的事物,人们是否也认为美丽呢?是不是有一种人类和动物都认定的美丽呢?如果人与动物所共同认可的美丽存在,那就是"天下真正的美丽"了。可是,这样的可能性几乎没有。所以,美与不美,也只有一个相对的性质。

原文参考

　　毛嫱、丽姬,人之所美也,鱼见之深入,鸟见之高飞,麋鹿见之决骤,四者孰知天下之正色哉?(《齐物论》)

河伯与海神的对话

《秋水》中记述了河伯与海神的对话。

秋天的时节,阴雨连绵,河水迅涨,大大小小的川流都汇聚到了黄河,那水流涌满浩荡,拍击着两岸的山崖,人们要是立在岸边往对岸看,连对岸的牛马都分辨不出。于是,作为黄河之神的河伯欣然自喜,①感觉越发地好了起来,觉得自己就是世界上最壮阔最美丽的。于是,他随着河流向东而行。到了北海,他向东面望去,看不到水的尽头。这时,他才感到困窘,开始怀疑自己的感觉,他甚至反观自己是不是最壮阔最美丽的。然而,事实摆在这里,他只好望着海洋、对着海神若②感叹道:

"俗话说:'听到了一百个以上的道术,认为没有一个跟得上自己的。'说的正是我这样的人。……如今我看到您无边无

---

① 河伯,河神,据说姓冯,名夷,华阴人。
② 若,海神的名字。

际,我还没有找到您的门,就已经陷入危险的境地了。我恐怕要永远被有道之人见笑了!"

这个时候,海神也搭上了话,他说:

"水井之蛙不可能与它谈论海的事情,那是因为它局限于狭小的空间;夏虫不可能与它谈及冬天里结冰的事情,因为它受生存时间的限制;乡曲之士不能与他谈论大道的事情,因为他被所接受的教养束缚。如今,你从山崖中来,看到了大海,知道自己的丑小,所以,你是可以谈论大的道理的人了!天下所有的水流,没有比大海还大的。万千川流都汇集于海,河流不息,而海从来也不会盈满;海水从尾端泄流,不曾停止过,而也从不见枯竭。无论是春夏秋冬,还是水涝大旱,都不会有任何的改变。多少条河流,流入大海有多少的水,难以计量,而我从来没有以此来夸耀自我之多的。我从天地接受其形体,又禀受阴阳之气,在天地之间,我如同小石头、小木头处在大山里面一样。刚刚意识到自己的渺小,怎么会又自以为大呢!比较一下,四海在天地之间,不就像一块石头中间的一个小孔处在湖泽之间吗?中国在海内,不就像稊米在大粮仓中间一样吗?我们通常把无数的物称为万物,人只是万物中间的一物;人类所处的九州,乃是谷物生长的地方、舟车相通的地方,其中有以万计的东西,人也只是占据了其中一个,拿人来比万物,不是如同马身上的一根毫毛么?"

听完海神若的话,河伯似乎明白了其中的道理,他问:

"那么我把天地看作大,而把毫毛看作小,这样可以吗?"

海神若立即予以否定：

"不可以。事物啊，其数量无穷，随着时间变化无止境，分化无常，终始反复。所以，大智慧既看到远处，也看到近处，因而，遇到小的东西不认为是小，遇到大的东西也不认为就是大，这就是智慧的识量无穷。……由此来看，凭什么知道毫毛就是衡量最细微东西的界限呢？又凭什么知道天地就可以穷尽最大的空间呢？"

"世上的人们都说：'最精细的东西其实是无形的，最大的东西是不可以限量的。'这是真实的情形吗？"河伯到此算是完全清楚了海神若的意思。

"从细微的东西看大的东西，不能穷尽；从大的看小的东西，不能明彻。"海神若进一步强调了一下自己的意见。

这是一个小大之辩的生动对话。李白有诗言："君不见黄河之水天上来，奔流到海不复回。"其汹涌澎湃，其壮阔波澜，可以想见。河伯自以为天下之大、天下之盛美都在自己的身上，这也并非无稽之谈，它有足够的理由这么看待自己。然而，与浩渺无际的大海比起来，它又不足称道了。而海神若一面向河伯讲述自己的大，大到超乎河伯的想象，万千河流注入大海，大海不满；大海不停地蒸发，大海也不会见少。可是，即便这么大，与天地比起来，自己又小得可怜了，如同小石头、小木头在大山中间；甚至把四海加起来与天地比较，也不过像是湖泽中某块石头中间的一个小孔而已。从小的角度看待万物，万物都是大;从大看小,万物都是小。这种大中更有大的连环推理,为河伯展示了一个无穷广阔的空间。

可是当河伯把天地看成大、把毫毛看成小的时候,海神又纠正他,不仅大中更有大,也要知道小中更有小,毫毛不足以担当小的界限,就像天地不足以担当大空间一样。海神提出了一个观点:以大看小是不行的,如同以小来看大一样。以大看小,就看不出细微;以小看大,看不深远。如何才是正确的看呢?那就是既要从细微处看,又要从大处远处看,这样才会超越每个人的局限。

原文参考

秋水时至,百川灌河。泾流之大,两涘渚崖之间,不辨牛马。于是焉河伯欣然自喜,以天下之美为尽在己。顺流而东行,至于北海,东面而视,不见水端。于是焉河伯始旋其面目,望洋向若而叹曰:"野语有之曰:'闻道百,以为莫己若者。'我之谓也。且夫我尝闻少仲尼之闻而轻伯夷之义者,始吾弗信。今我睹子之难穷也,吾非至于子之门则殆矣,吾长见笑于大方之家。"

北海若曰:"井蛙不可以语于海者,拘于虚也;夏虫不可以语于冰者,笃于时也;曲士不可以语于道者,束于教也。今尔出于崖涘,观于大海,乃知尔丑,尔将可与语大理矣。天下之水,莫大于海:万川归之,不知何时止而不盈;尾闾泄之,不知何时已而不虚;春秋不变,水旱不知。此其过江河之流,不可为量数。而吾未尝以此自多者,自以比形于天地,而受气于阴阳,吾在于天地之间,犹小石小木之在大山也。方存乎见少,又奚以自多!计四海之在天地之间也,不似礨空之在大泽乎?计中国之在海内,不似稊米之在太仓乎?号物之数谓之万,人处一焉;人卒九州,谷食之所生,舟车之所通。此其比万物也,不似毫末之在于马体乎?五帝之所连,三王之所争,仁人之所忧,任士之所劳,尽此矣!伯夷辞之以为名,仲尼语之以为博。此其自多也,不似尔向之自多于水乎?"

河伯曰:"然则吾大天地而小毫末,可乎?"

北海若曰:"否。夫物,量无穷,时无止,分无常,终始无故。是故大知观于远近,故小而不寡,大而不多,知量无穷。证曏今故,故遥而不闷,掇而不跂,知时无止;察乎盈虚,故得而不喜,失而不忧,知分之无常也。明乎坦涂,故生而不说,死而不祸,知终始之不可故也。计人之所知,不若其所不知;其生之时,不若未生之时;以其至小,求穷其至大之域,是故迷乱而不能自得也。由此观之,又何以知毫末之足以定至细之倪,又何以知天地之足以穷至大之域!"

河伯曰:"世之议者皆曰:'至精无形,至大不可围。'是信情乎?"

北海若曰:"夫自细视大者不尽,自大视细者不明。……"(《秋水》)

九观化

梦里面还有梦

人很少有不做梦的,有的人喜欢做梦,有的人怕做梦,《齐物论》里,庄子借瞿鹊子与长梧子之间的一段对话,谈到了占梦的事情。长梧子对瞿鹊子说:

秦穆公与晋献公共同讨伐丽容国,得到了一个美女,一个玉环。二位诸侯分战利品,秦穆公分得了玉环,而晋献公分得了美女。这美女是丽容国艾封守疆土的人的女儿,称为丽姬。丽姬在离开的时候,因为割舍亲戚,远离家乡,很不情愿,哭哭啼啼。后来到了晋国,与晋献公同床共枕,每日享受上等的宴席,受到了晋献公的宠爱,这个时候,她回想起当时离开时候哭泣的事情,感到后悔。

长梧子借此发挥道:

"我何以知道已经死了的人不会后悔当初曾经祈求生而不要死呢?有人晚上做梦饮酒,白天却又哭泣;有的人做梦哭泣,白天却又快活地出去打猎了。做梦的时候,并不知道自己在做梦;而梦里面又在占梦,醒了以后才知道那是做梦。且说大觉大悟的圣人才会知道人生都是一个大梦,可是愚钝的人也以为自己真的觉悟了,自以为得意,说什么:'尊贵的君主啊,低贱的放牛人啊!'我与你都在梦里面,我说你做梦这件事也是梦,这些话,就叫作吊诡。要是万世之后遇到了一个大圣人,能够解释这个道理的,他也只会把这件事当作朝夕相遇的平常事。"

先来说说这个寓言故事里面的两个典故:先说"占梦"。由于经常会做梦,而梦有好坏,人们相信梦往往会预示着将要发生的事情,所以有个说法,梦是人的神游。① 古时候中国有占梦的传统,梦醒了,就要找占梦专家分析一下梦预示着什么,如上古时期的殷商高宗(武丁),梦见上帝赐给他一个良臣,以辅助国政,于是他要人依照梦中出现的形象四处寻访,终于在"傅岩之野"的地方,发现了一个正在做版筑的奴隶,叫作傅说,将之延请到宫廷做国相,最终成就了平治天下的伟业。如果说做了不好的梦,那么也要采取一些规避的措施。

再说"吊诡"。"吊诡"这个词就是从庄子这个寓言里面来的。这个词在现代人看来比较的书面化,在我们日常的口语中不太常用,意思近似奇异而不可思议,用庄子的话,叫作"诙诡谲怪"。正是由于梦里有梦,人们在讨论梦这件事也是梦,这才说"吊诡"。

---

① 明人陈士元《梦占逸旨・真宰篇》:"梦者,神之游,知来之镜也。"

庄子运用这段听起来一层更比一层深的"吊诡"对话,表达了他的什么意思呢?

首先,丽姬刚嫁给晋献公为妾时,很伤心地哭泣过,后来逐渐适应了晋王宫里面的富贵生活,她为自己曾经的哭泣而后悔。从情景上看,应当是晋献公或者某个别人问起她离家的时候那么伤心,现在还为此伤心吗?丽姬回答:不仅不再伤心,而且还后悔当初那么伤心。庄子借此表达了一个意思:既然当初的伤心是真切的,现在后悔当初伤心也是真切的,那么我们相信哪一个呢?其实,我们只有都相信。只是我们明白了这世上的事情在不停地变化,从原先真切的伤心到如今真切的后悔,并非相信丽姬的伤心能持续到如今。

其次,我们人生可能会生活在不同的境况里面,有时候是醒着的,有时候是在梦里,有时候做梦的时候,也在占梦,也就是梦里面套着梦。我们能说梦里面的事情不真实么?如果说梦里的事情不真实,那么,梦里哭泣,梦醒之后,我们做的是跟梦里完全不同的快乐之事。可是,又有谁可以证实你现在自以为的醒来,其实不是在另一个梦里呢?梦里套梦的事情虽不常有,但肯定会有这样的事情。梦里发生的事情,往往在真实与不真实之间,庄子的态度也是如此,所谓"梦饮酒者,旦而哭泣;梦哭泣者,旦而田猎",晚上梦中发生的事情,并不意味着第二天会发生类似的事情。历史上最有名的梦,是唐代人做的,叫作"黄粱一梦",很美好,但不真实。然而,借梦中有梦的事情,点出人的生活境况才是庄子的用意。有的人自以为是醒着的,且不知自己还处在梦中,人们所说的"痴人说梦",以及"执迷不悟",指的正是这种情形。

第三,把做梦的事情放大到整个人生。人活一世,有的人自以为大觉大悟了,感叹"尊贵的君主啊,低贱的放牛人啊",不过是一场梦啊! 其实,你的所谓"觉醒",都不过是一场梦而已,你真的觉悟了么? 庄子最后继续把梦境扩大到了对话人长梧子与瞿鹊子,意思是:我们现在说梦,难道我们不是在梦里说梦吗?《宰相刘罗锅》里贪官和绅下狱后,刘罗锅给他送大葱煎饼,和绅一边津津有味地嚼着葱和大饼,一边说,要再活一次,他绝不会贪了。刘罗锅说,要是再让你活一次你还会贪。如今关在牢狱中的贪官们,也都说是清醒了,却也未必。当所谓"清醒了"的人们还在感叹"君乎""牧乎",即"尊贵的君主""低贱的放牛人"的时候,就表明他们并没有清醒,清醒了的人就不会执着所谓君啊、牧啊,因为在清醒者看来,人人本来就应该是平等的。如同关在牢里的贪官还习惯于别人叫他××书记、××长一样,还习惯操一口官话,他们清醒了吗?

既然梦存在于真假之间,真而不真,假而不假,那么人是否要为自己在梦境中发生的事情负责任呢? 依照西方释梦专家弗洛伊德的观点,人做梦都是自己的潜意识在作祟,潜意识在白天被意识约束、压制着,晚上被放开了,于是就开始"游魂为交"了,无论如何,它都是自己被压抑的潜在意识的行动,那么人多少是要负责任的,因为你潜藏着这些东西。但是,梦不只是潜藏意识的宣泄,它也在进行创造,许多梦境是做梦的人自己都想不到的,有的人晚上做梦把白天解不出来的数学题解出来了,有的人梦里做了乱世的英雄,有的人梦里对一个熟悉的异性做了苟且之事,有的人梦里飞黄腾达,那么这些人梦醒了究竟要对自己梦境中的行为负多大的责任呢,既然梦里有创造,那么人不必负道德的责任,这些梦或许为人提供了创造性思维,或者宣泄了压抑的情感,或者提示人对于可能发生的事情进行反省,孔子说"吾日三省吾身",仅此而已。现实中的人有自己生活、行为的边际、界限,而梦则会突破这个边际和界限,换句话说,梦里没有清醒时的那个边际、界限。所以,庄子的态度很显然,人不必为梦里的事情负道德责任,人不必为现实中烦心的事所束缚,更不必为梦境中不快乐的事所羁绊。唯独人在做梦这个事实,做梦者要负担起它的真实性的责任,即:是我自己做了这个梦。

原文参考

瞿鹊子问乎长梧子曰:"吾闻诸夫子:圣人不从事于务,不就利,不违害,不喜求,不缘道,无谓有谓,有谓无谓,而游乎尘垢之外。夫子以为孟浪之言,而我以为妙道之行也。吾子以为奚若?"

……

丽之姬,艾封人之子也。晋国之始得之也,涕泣沾襟。及其至于王所,与王同筐床,食刍豢,而后悔其泣也。予恶乎知夫死者不悔其始之蕲生乎？梦饮酒者,旦而哭泣；梦哭泣者,旦而田猎。方其梦也,不知其梦也。梦之中又占其梦焉,觉而后知其梦也。且有大觉而后知此其大梦也,而愚者自以为觉,窃窃然知之,"君乎！牧乎！"固哉！丘也与女皆梦也,予谓女梦亦梦也。是其言也,其名为吊诡。万世之后而一遇大圣知其解者,是旦暮遇之也。(《齐物论》)

罔两与影子的对话

人说影子随形,而罔两(影子的影子)则又要紧随影子。影子动来动去的,终于有一天罔两不耐烦了,它对影子抱怨道:

"从前你走,如今你又停下来;从前你坐在那里,现在你又要站起来。怎么这么没有操守啊?"

影子觉得无奈而且困惑,只好照直把自己心里同样的苦闷说了出来:

"我是因为有所依待才成这个样子的吗?还是我所依待的对象又有所依待,才成这个样子的呢?我所依待的是蛇的壳、蝉的翼吗?怎么知道成为这个样子的原因?又怎么知道不成为这个样子的原因?"

庄子说出了个"依待",其实说的就是"依赖"。罔两依赖于影子,影子又依赖于物体,物体也有所依赖。

罔两抱怨影子无操守,是因为影子摇摆不定,使得自己居无定所;而影子所以无奈而困惑,是因为自己也依附于物体的形状,物体动来动去的,它有什么办法不跟着动呢?不过,影子在此想得比罔两复杂得多,它在思索:是不是物体也有所依待?是什么东西使得物体动来走去的?影子把自己对物体的依待比喻为蛇的蜕皮、蝉的薄翼,则是一个有意思的猜度:如果我所依赖的对象是它们的话,那么又是什么驱使它们行动的?或许驱使它们的正是形的主宰——神。可是猜到这个程度,就不好继续往下猜了,即便知道是神驱使了形,可是怎么知道神何时要形体运动,何时要形体静止的?所以,影子推出了一个两难的选项,以此来应对罔两的责问。

庄子借用罔两与影子的对话,表达了这世上的所有事物都是相互依赖的,都处在相互的链条中,没有一件事情不依赖于他物。

原文参考

罔两问景曰:"曩子行,今子止;曩子坐,今子起。何其无特操与?"景曰:"吾有待而然者邪?吾所待又有待而然者邪?吾待蛇蚹蜩翼邪?恶识所以然?恶识所以不然?"(《齐物论》)

| **庄周梦为蝴蝶**

庄子有一天谈起了自己,他说:

"庄周梦见自己成为蝴蝶,在空中翩翩起舞,自己也清楚地觉得是一只无比惬意、得意的蝴蝶。完全不知道自己是人间社会的那个庄周。突然梦醒了,他看到自己怎么变成了庄周,可是他为这顷刻之间的两重天地、两个模样感到惊疑。不知道是庄周做梦成了蝴蝶,还是蝴蝶做梦成了庄周?然而,庄周与蝴蝶必定还是有分别的,这就叫作'物化'。"

庄子在写这段寓言的时候,在庄周与蝴蝶之间,他并没有设定一个主体,他只是讲述了自己的一个亲身经历,他梦到自己成了蝴蝶,而且自己意识到梦醒了之后,还是从前的庄周,可是,他却起了疑问:到底是现在醒着的这个庄周梦里成为蝴蝶,还是醒着的庄周也只是蝴蝶的梦而已?庄子并没有下定论。

有一点庄子是不怀疑的:在我们看得见的世界里面,庄周与蝴蝶是两个东西。在庄周与蝴蝶互为梦境的过程中,谁都可能充当梦的主体,并不存在只允许庄周做梦,而不许蝴蝶做梦。

借此,庄子发挥了他的哲学道理。虽然庄周与蝴蝶是两个东西,却可能互相地"物化":庄周变为蝴蝶,或蝴蝶变为庄周。大千世界就处在这种不断的变化之中,我们都是主人,我们也都是过客。"物化",也就是任何事物,或者人,都可能变成一个他者,既然世上所有的事都在或正在发生变化,没有什么是不变的,贫贱者可能变成富贵者,得意者变成失意者,统治者变成被统治者,反之亦然,我们有什么理由设定自己永远是主宰者而不会变成一个过客呢?

庄子这个"物化"的想象,滋润了两千多年来的中国文学,"庄周梦蝶"被演绎出了各种版本:梁山伯与祝英台双双化蝶的故事,是通过"化"的形式实现了人间痛苦的解脱与超越;顽石与灵草化为宝玉与黛玉的故事,则是从非人间进入到人间,延续那段在自然世界中的情缘;《聊斋》里那许多不可思议的精灵鬼怪的故事等,也总要从庄子这里推演开去。此所谓"臭腐化为神奇"。有人说庄子是用艺术的手段来处理现实中的问题,或者说把严肃的现实问题艺术化了,这也不无道理,可是,没有了艺术,没有了想象,生活就有意思了么?我们如何战胜苦难、如何解脱?我们可能被苦难压弯了腰!

九 观化

原文参考

昔者庄周梦为蝴蝶,栩栩然胡蝶也。自喻适志与!不知周也。俄然觉,则蘧蘧然周也。不知周之梦为蝴蝶与?蝴蝶之梦为周与?周与蝴蝶则必有分矣。此之谓物化。(《齐物论》)

当变化发生在自己身上的时候

《至乐》记述了支离叔与滑介叔之间的对话。

支离叔与滑介叔一起出游,他们到了冥伯的山陵、昆仑山和祖先黄帝曾经到达的地方,此次出游的目的是要观览大自然的变化。然而,就在他们观览自然变化的时候,他们自己的身体也出现了变化,滑介叔的左肘上长出了一个大瘤子。看着快速长起来的瘤子,滑介叔为这突然的变化感到吃惊,看起来很讨厌这瘤子。支离叔问他:

"你讨厌它吗?"

滑介叔却如此回答:

"不,我有什么好讨厌它的!生命,本来就是假借的结果。假借天道而产生生命,所以,生命也如同尘垢。死与生都如同昼夜往复。再说了,我与你不是来观自然变化的吗,现在变化发生在我身上了,我又有什么好厌恶的!"

支离叔与滑介叔都是世俗的超越者,他们出游,观自然的变化,也是试图领悟天地自然变化的道理,然而,当这种变化发生在自己身上的时候,他那"看起来很讨厌的样子"的反应是本能的,他不可能欢喜,可是,当支离叔问他是否讨厌瘤子的时候,他则给了理性的、达观的回答,这也说明滑介叔的超越与达观是彻底的,既非"叶公好龙",也不是"口头革命派"。

换个角度说,滑介叔的态度有利于战胜生命的痛苦,这事情已经发生了,或者说这事情反正是要发生的,那还有什么可苦恼的,坦然地对待它就是了。这同《大宗师》里面的子祀、子舆、子犁、子来等人相同,当天地要把他们变成不管什么东西的时候,他们都能够坦然地面对。

原文参考

支离叔与滑介叔观于冥伯之丘,昆仑之虚,黄帝之所休。俄而柳生其左肘,其意蹶蹶然恶之。支离叔曰:"子恶之乎?"

滑介叔曰:"亡,予何恶!生者,假借也。假之而生生者,尘垢也。死生为昼夜。且吾与子观化而化及我,我又何恶焉!"(《至乐》)

臭腐化为神奇

《知北游》中有一段叫作"知北"的人与黄帝之间的对话。

黄帝对知北说：

"万物为一体。我们把自己认为美丽的叫作神奇，把自己所厌恶的叫作臭腐。臭腐可以化为神奇，神奇再化为臭腐。所以说，通天之下只是一气的流行。正由于这个原因，圣人遵从'一体'的观念。"

这逐渐成为一句千古名言，这句名言让人们懂得了神奇的东西未必永世都神奇，臭腐的也未必永世都臭腐，换个时空，神奇的不再神奇，臭腐的也不再臭腐。可是，缘何有这样的变化呢？

在《秋水》里面，海神对河伯说到了一个"自我变化"的观念：

"万物的产生与变化，像集聚与奔驰那样快，没有什么处在动态中的事物是不变化的，也没有任何时间是不迁移的。为了什么？不为了什么？只是它本来就有的自我变化。"

既然我们已经知道万物随时随地在发生着变化，那么又有什么不变的？所以，是万物的自我变化。如果要继续问万物为什么要不断地变化，那就只能说：是道使万物发生着这样不停息的变化，而"道"是被庄子看成"物物者"（使物质成为物质的推动者）。而变化，并不能由人来规定往哪个方向发生，比如说好的变得更好，漂亮的变得更漂亮，或者坏的变得更坏，丑的变得更丑，很可能是往相反的方向发生，这就是神奇化为臭腐，臭腐也化为神奇。

在《山木》里，更是通过庄子与弟子的对话，表明应当"与时俱化"，或者成为龙，或者成为蛇，并不执著于某一个形态，只是以事情的和畅为标准，这就是随顺万物的变化而没有任何的偏私之心。

原文参考

故万物一也。是其所美者为神奇，其所恶者为臭腐。臭腐复化为神奇，神奇复化为臭腐。故曰："通天下一气耳。"圣人故贵一。（《知北游》）

"是所以语大义之方，论万物之理也。物之生也，若骤若驰，无动而不变，无时而不移。何为乎，何不为乎？夫固将自化。"（《秋水》）

外化而内不化

《知北游》中记述了颜回与孔子的一段对话。

颜回对孔子说：

"学生我听先生讲过'不有所送往,不有所迎接'。学生再请问什么是'游'。"

孔子回答：

"古代的人是外形变化,内心则不变化;今天的人则是内心变化,外形的东西则不变化。那些跟随万物一齐变化的人,内心则有不变化的东西。无论变化或者不变化,都不会与万物相抵牾,对待万物的变化,采取既不送往,也不迎接,只是恰如其分而已。就说上古时期的圣王吧,从狶韦氏的园圃、黄帝的园圃,到虞舜的宫殿、商汤王和周武王的宫室,他们所游居的地方越深,受的局限越大,精神越不自在。再说我们平常所说的君子吧,比如儒家、墨家的先师们,都以是非相互诋毁,更何况今天的人呢!真正的圣人平和地与万物相处却不伤害万物。因为不伤害万物,所以,万物也不伤害他。恰恰由于彼此都无伤害,故而万物能够与人相来往。山林啊,平原啊,使我欣欣然而快乐啊!然而,快乐还没有过去,悲哀就接着来了。悲哀与快乐将要降临于我,我不能够拒绝;它们要走了,我也不能阻止。悲哀啊,世人只是外物暂时寄居之地而已!只知道自己所遇到的事情,而不知道自己所没有遇到的事情;只了解自己所能做的事情,而不了解自己所不能够做的事情。不知不能,这本是人所不能避免的。试图避免自己所不能避免的事情,这不是很悲哀吗!最好的言说是不言说,最好的作为是不作为。要是什么都知道,那个'知道'也就肤浅了!"

颜回问孔子什么是"游",孔子回答的主要是心游,也就是精神生活、精神境界,心能游多远,精神生活与精神境界就有多远。上古的帝王,当他们构筑起了城墙、殿宇、宫室的时候,他们的心游也就被限定在那里面了,宫廷越深,所受的限制越深,在狶韦氏、黄帝的园圃尚且可以见到天地,而商汤王、周武王的宫室既把自己与世人隔绝了,也把自己与天地隔绝了,实际是禁闭在宫里面了,哪里有什么自由与自在!至于儒家、墨家的相互诋毁,更是一代不如一代了。

外化与内不化,是说人的内心与外形的变与不变。外化,是人的行为、表现随顺外在事物的变化而变化,不违逆时俗。内化,是人的内心宁静,不追随时流,不失去自我,有着不变的追求。"古代的人"与"今天的人",这是对理想人格的区别,是一个设定。

两个"悲哀",一个为那些"以事物作为精神安顿"的人,一个为"试图避免却不能避免"的人。以事物为精神安顿之处,就是追逐事物,而失去了自我的本心。你看他人还是那个人,但内心早已不是原来的他了,也就是"外不化而内化"。快乐与伤心的事情,本是人所不能避免的,有快乐的事情就有伤心的事情,试图只要快乐,不要伤心,这是不可能的。意识到不可能,随顺它们的来往,也就不会为事物所伤害了。

原文参考

颜渊问乎仲尼曰:"回尝闻诸夫子曰:'无有所将,无有所迎。'回敢问其游。"

仲尼曰:"古之人,外化而内不化,今之人,内化而外不化。与物化者,一不化者也。安化安不化?安与之相靡?必与之莫多。狶韦氏之囿,黄帝之圃,有虞氏之宫,汤武之室。君子之人,若儒墨者师,故以是非相韲也,而况今之人乎!圣人处物不伤物。不伤物者,物亦不能伤也。唯无所伤者,为能与人相将迎。山林与,皋壤与,使我欣欣然而乐与!乐未毕也,哀又继之。哀乐之来,吾不能御,其去弗能止。悲夫,世人直为物逆旅耳!夫知遇而不知所不遇,能能而不能所不能。无知无能者,固人之所不免也。夫务免乎人之所不免者,岂不亦悲哉!至言去言,至为去为。齐知之所知,则浅矣!"(《知北游》)

齐桓公所见到的鬼

齐桓公是春秋五霸之一,在他谋取称雄列国的时候,一天,他去沼泽地打猎,宰相管仲为他驾车。路上,他见到了鬼,他抓住管仲的手,悄声地问:

"仲父(管仲的字)见到了什么?"

管仲回答:

"臣没有见到什么呀!"

齐桓公也没再说什么。回到宫里后,齐桓公就病倒了,还呻吟个不停,一连几天都不出门。齐国有个叫作皇子告敖的人,前来对齐桓公说:

"公只是自伤而已,鬼哪里能够伤人!愤怒,就会使阴气聚集;精魂离散而不返归,则会中气不足;阴气上而不退下,就会令人发怒;阴气下而不上,就令人健忘;阴气不上不下,中间停留于心,就会生病。"

桓公问：

"那么有没有鬼？"

皇子告敖肯定地回答：

"有。水下淤泥有鬼称为'履'，灶神如美女，叫作'髻'；房屋里面的尘土有'雷霆'，住宅东北墙外有神叫'倍阿鲑蠪'；房屋西北方之下有神叫作'泆阳'；水里面有水神叫做'罔象'；陵丘里面有怪兽叫做'莘'，山里面有神叫'夔'，野外有'彷徨'，大泽里面有'委蛇'。"

"请问委蛇是什么样子的？"齐桓公急忙追问。

皇子告敖说：

"委蛇啊，它大小像车的毂，长度像车的辕，穿着紫色衣服，头顶戴着红颜色的帽子。那样子很丑陋，它要是听到隆隆的车辆过来，就会昂起头来竖立在那里。大概只有将要称霸天下的人才可以见到它。"

听完这话，齐桓公顿时来了兴致，他开怀地大笑起来，说：

"这正是寡人所见到的。"

说完，连忙穿戴好衣服，与皇子告敖坐正了攀谈起来，不到一天，他的病也不知不觉地好了。

这段对话更像是春秋纵横之士与诸侯的对话，齐桓公的病其实是自我招来心病，而皇子告敖其实摸透了他的心病：你不是欲图称霸天下嘛，那么"委蛇"这个鬼就只有称霸天下的人才能够见到。故而，投其所好，他采用一种快乐的疗法，治好了齐桓公的病。

原文参考

　　桓公田于泽，管仲御，见鬼焉。公抚管仲之手曰："仲父何见？"

　　对曰："臣无所见。"

　　公反，诶诒为病，数日不出。齐士有皇子告敖者曰："公则自伤，鬼恶能伤公！夫忿滀之气，散而不反，则为不足；上而不下，则使人善怒；下而不上，则使人善忘；不上不下，中身当心，则为病。"

　　桓公曰："然则有鬼乎？"

　　曰："有。沈有履。灶有髻。户内之烦壤，雷霆处之；东北方之下者倍阿，鲑蠪跃之；西北方之下者，则泆阳处之。水有罔象，丘有峷，山有夔，野有彷徨，泽有委蛇。"

　　公曰："请问委蛇之状何如？"

　　皇子曰："委蛇，其大如毂，其长如辕，紫衣而朱冠。其为物也恶，闻雷车之声，则捧其首而立。见之者殆乎霸。"

　　桓公辴然而笑曰："此寡人之所见者也。"于是正衣冠与之坐，不终日而不知病之去也。（《达生》）

十 小知与大知

朝三暮四

庄子生活的战国时期是一个百家争鸣的时代,儒、墨、名、法、兵、阴阳、杂家等各个学术派别各执一端,发挥自己对政治与学术的见解,彼此争论不休,从每一个派别来看,好像都有自己一套完整的看法,可是彼此又是那么的不相容,到底谁说得对,谁掌握了真理呢?在《齐物论》中,庄子说他们只是费脑筋想出了一个自认为正确的道理,不知道其实各家说的也就是那么些事情,并没有根本的不同。庄子讲了个寓言故事:有个老头养了一群猴子,老头每日要拿一些橡子喂养这群猴子。老头跟猴子们商量说:

"我每天早上给你们每位三个橡子,晚上给你们每位四个橡子,你们看怎么样?"

这群猴子喧嚷着,个个都很不高兴。看这情景,老头又换了一个说法:

"那么我早上给你们四个橡子,晚上三个,你们看如何啊?"

听老头这么说，猴子们个个都很欢喜。

于是，庄子评论说：

"朝三暮四，或朝四暮三，这在名称与数量上既没有多，也没有少，却引来了喜与怒两种不同的态度。"

庄子是拿这个寓言嘲笑那些自以为是的人们，不知争来争去的，实质未变，只是名目上的差别而已。"朝三暮四"由此成了一个成语，不过，后来的意思发生了很大的变化，表示办事反复无常，经常变卦。

原文参考

劳神明为一而不知其同也，谓之"朝三"。何谓"朝三"？狙公赋芧，曰："朝三而暮四。"众狙皆怒。曰："然则朝四而暮三。"众狙皆悦。名实未亏而喜怒为用，亦因是也。(《齐物论》)

是是非非

在《齐物论》里,庄子谈到儒家与墨家之间的是非关系,庄子认为,儒家与墨家的是非,其实是各自的偏见所造成的,各自都认定自己的看法是对的,别人的看法都是不对的,或者把对方所认为不对的都认定为对的,而把对方认为对的都认定为不对的,这样是是而非非,就把是非关系搞乱了。怎么证明各自所说的是对的?我们究竟该听哪一方的呢?

接下来,庄子提出了一段极富思辨的正方与反方的辩论模式:

设想你我为辩论的双方,你要是赢了我,我辩不过你,那么你就真的是对的吗?我就真的不对吗?我要是赢了你,我就真的是对的,你就真的是错了吗?是不是我们当中有一方是对的,另一方是错的?或者我们双方都不对?

在这场辩论中,我们双方各自受自己立场的局限与遮蔽,不能够彼此了解对方。如此,你与我的辩论,可请谁来确定对错？

如果请同意你的看法的人来确定对错，既然他已经同意你的看法了，他又怎么能够客观地确定对错？

如果请同意我的看法的人来确定对错，既然他已经同意了我的看法，那么他又怎么能够客观地确定对错？

如果请既不同意我、也不同意你的人来确定对错，既然他既不同意你、也不同意我的意见，他又怎么来确定对错？

如果请同意你和我的人来确定对错，那么既然他同意了你和我的意见，又怎么能够客观地确定对错？

最后，庄子的结论便是：这说明我们彼此是不能够相互了解的，是不是只有等待那种大智之人才能解决问题？

现在的人们会说庄子这不是明显的荒谬么？问题没那么简单。庄子也并非不知道这么说会引来非议，庄子看到了人们之间立场的不同、看问题的角度的差异，还有人本能地维护自己的习惯，会使是非之间变得复杂起来。现代社会，我们可以借助于社会实践的过程和现代科学检测手段，证实是非之间的对与错。可是，社会实践需要一个很长的历史过程，而科学仪器也只是社会走进了现代文明才可以做得到。所以，庄子是一种高明的见解。他看到了人们习惯维护自己立场，论辩双方的立场的差异，以及非当事的第三方的局限性，使得是非本身变得复杂起来。

原文参考

"既使我与若辩矣,若胜我,我不若胜,若果是也?我果非也邪?我胜若,若不吾胜,我果是也?而果非也邪?其或是也?其或非也邪?其俱是也?其俱非也邪?我与若不能相知也。则人固受其黮闇,吾谁使正之?使同乎若者正之,既与若同矣,恶能正之?使同乎我者正之,既同乎我矣,恶能正之?使异乎我与若者正之,既异乎我与若矣,恶能正之?使同乎我与若者正之,既同乎我与若矣,恶能正之?然则我与若与人俱不能相知也,而待彼也邪?"(《齐物论》)

言必有亏

庄子认为,人们最大的毛病在于自以为是,岂不知自己所谓的"是",其实有很大的局限,未必就真的"是",这种片面的认知会贻害对于大道理的认知,所以,真正的知,也就是真知、真理,是那种超越是非界限的。在《齐物论》中,庄子说道:

"古代的人,他们的知是达到了极致的。什么样的极致呢? 认为世界的原初是没有任何物质的,这就是极致的、穷尽的、无以复加的认识! 比这个认识次一等的,是认为有物质,但没有界限与分别。再其次的是认为物质有界限和差别,但没有是非。是非之间清楚了,那么'道'就有所亏损了。道一旦有了亏损,那么仁爱也就成立了。道之所以亏损,仁爱之所以成立,真的有亏损与成立呢? 还是真的没有亏损与成立呢? 如果有成立与亏损,就如同昭氏鼓琴了;① 如果无成立与亏损,就如同昭

---

① 昭氏,名文,琴师。

氏不曾鼓琴。"

　　这里所说的古代的人,其实是庄子理想的人格,如同至人、神人、圣人,在《大宗师》里,庄子曾提出过真人与真知的问题,说"有真人而后有真知"。不过,在那里,庄子说真人之所以成为真人,是因为他能够明确人与天的界限,不试图以人战胜天。在这里,庄子是在追究天地万物的本原的意义上谈论理想人格。把世界的原初看成是没有任何物质存在的"无",之所以是极致的、穷尽的、无以复加的认识,是因为一个基本的观念:使物质成为物质的,必定不是物质的东西("物物者非物")。世界原来是无,何以有了这个世界的呢?这就是庄子关于道的认识,由非物质性的道产生了没有差别的物质,这物质又开始分化、分别,有了种种的界限与差别,对这些界限与差别的争论,于是有了是非。古代人的高明在于能够认知到天地的本原——道。现代人之所以不高明,在于他们在是是非非上争论不休,不知道返回本原。

　　为什么有了是非,道就有了亏损了呢?是非的本意就是是是非非,即自己认为"是"的就肯定它,自己认为"非"的就否定它,可是怎么知道你认为"是"的就真的"是"而不是"非"呢?每个人都有自己立场的偏颇,不可能达到真正的认识。所以,任何个人的是与非,都是对道的歪曲、曲解和片面认识。只有超越于是非、界限、差别之上,追求道的人,才可能达到真知、真理。拿昭氏鼓琴与不鼓琴来说明道的亏与成,是说昭氏在鼓琴方面成功了，同时也意味着他在别的方面失败了，他此方面能力出众了，别的方面的能力肯定就被遮蔽了。如果昭氏不鼓琴，那么就不能说他缺失了那方面的能力。而道是没有任何缺失、没有任何遮蔽的。

为什么道有了亏损，仁爱就成立了呢？道是没有偏私的，是大爱，是无亲疏区别的，也是不会遗漏任何人和物的，所谓"道不遗物""道不遗人"；而仁爱，恰恰是有偏私的，是小爱，是有亲疏的，你对一些人表现出仁爱，就意味着你将另一些人排除在仁爱之外，仁爱其实是有选择性的，所以，你的仁爱不普遍。这正是《老子》"大道废，有仁爱"思想的发挥。

原文参考

古之人，其知有所至矣。恶乎至？有以为未始有物者，至矣，尽矣，不可以加矣！其次以为有物矣，而未始有封也。其次以为有封焉，而未始有是非也。是非之彰也，道之所以亏也。

道之所以亏，爱之所以成。果且有成与亏乎哉？果且无成与亏乎哉？有成与亏，故昭氏之鼓琴也；无成与亏，故昭氏之不鼓琴也。(《齐物论》)

浑沌的德性

《应帝王》中有一则寓言，说到"浑沌"的事情：

南海的帝王叫作"儵"，北海的帝王叫作"忽"，中央的帝王叫作"浑沌"。儵与忽时常在浑沌的地盘上相遇，而浑沌对待他们很友善。于是，儵与忽商议着，要报答浑沌的恩德，说：

"人都有七窍，用以看、听、吃、呼吸，唯独浑沌没有，我们试着为他凿出七窍来吧！"

于是，他们俩一天凿一个窍，七天凿成了七窍，可是，浑沌却死了。

这段寓言极富想象力，也极为深刻。

三个帝王，虽然各为一方的统治者，却也需要交游，而南来北往的南北二帝时常相会于中央之地，作为主人，浑沌以厚德待人，使南北二帝觉得温暖，而南北二帝觉得欠了浑沌的人情，这才合谋着报答浑沌的恩德。这个想法仍然是一个不异于常人的想法,而浑沌的德性是有异于常人的,没有分别的,所以,南北二帝遭到了完全的失败,不仅没有报得了恩,反而加害了主人,是他们合谋凿死了浑沌。

浑沌在《老子》里面,就是"道"的另一个代名。"有物混成,先天地生,寂兮寥兮,……独立而不改,周行而不怠,吾不知其名,字之曰道。"老子说不知其名,就因为它没有名,"道"只是勉强给它起的一个假号。① 如果真的有了名,那么它就有了分别了,而任何的分别都有害于它。

浑沌也被视为中华民族的祖先,厚德载物,只求给予,不求回报,这也正是这个民族最基本的品德。同样,这个民族的祖先,是讲求浑厚同一的,在它的面前,没有那么多的不同与等差。

原文参考

南海之帝为儵,北海之帝为忽,中央之帝为浑沌。儵与忽时相与遇于浑沌之地,浑沌待之甚善。儵与忽谋报浑沌之德,曰:"人皆有七窍以视听食息,此独无有,尝试凿之。"日凿一窍,七日而浑沌死。(《应帝王》)

---

① 在这里,《庄子》所说的"浑",与《老子》所说的"混",意思相同。

你知道自己不知道吗

《齐物论》里,有一段古代圣贤齧缺与王倪的对话,齧缺问王倪：

"您知道事物相同这个道理吗？"

"我哪里知道！"王倪回答道。

"您知道您有所不知道的吗？"

"我哪里知道！"

"那么事物无法知道吗？"

"我何以知道！虽然这么说,我尝试着说说我的想法:何以知道我所说的知道的是真的知道？何以知道我所不知道的是真的不知道？而且,我对你讲:一般人要是在潮湿的地方睡觉,会患腰疾偏枯,而泥鳅在那地方会如此吗？人要是住在树木的高处,必定会害怕得发颤,而猿猴会害怕吗？人、泥鳅、猿猴,这三者谁懂得什么是最合适的处所呢？人吃的是六畜,麋鹿吃的是美草,蜈蚣爱吃蛇脑,猫头鹰和乌鸦爱吃腐鼠,这四个方面,有谁知道什么才是最美的味道？猿与猕猴相配为雌雄，麋与鹿相交配，泥鳅与鱼相游。毛嫱与丽姬，这是人人所称道的美人，可是，鱼见了她们会潜入深水，鸟儿见了她们会飞得高高的，麋鹿见了她们会飞快地逃走，这四个方面，又有谁知道天下什么才是美色？在我看来，仁义呀，是非呀，这些事情的头绪都是很错杂的，我怎么能清楚它们之间的区别！"

啮缺又接着往下问：

"您不知道这些事情的利害关系，那么至人也不知道吗？"

王倪回答：

"至人则很神奇的了！湖泽都干旱得冒烟了，他也不感到热，黄河、汉水都结冰了，他也不会感到寒冷，疾雷震破了山，大风摇撼了海，都不能使他受到惊动。像他这样的，乘着云气，骑着日月，远游在四海之外，死与生都不可能让他发生变化，何况利害关系呢！"

啮缺连续问了三个问题：一问事物是否具有相同性，二问是否清楚自己有不能认识的事情，三问事物到底可不可以认识。而王倪的回答都是一样的。是不是王倪真的什么也不知道呢？倒也不是的。王倪的回答，表明了他对自己的怀疑，怀疑已有的认识是否可靠，怀疑自己有没有能力认识事物。

为什么他要怀疑自己呢？因为他意识到我们的所有认识都是从单个人的角度与方位出发的，我们避不开个人的立场和偏私，那么我们有什么理由把自己的意见强加给别人呢？比如说,事物是否具有相同性,当你肯定的时候,未必就对;你否定的时候,也未必就对。所以,只好对自己持怀疑的态度,而这恰恰是为了寻求认知活动中的公正性质。

当庄子试图把动物引入讨论的时候,问题的回答更加具有广泛性了,比如说什么地方最适合居住,人与泥鳅、猿猴会有那么大的差别;又如我们说什么东西是美味,人与麋鹿、蜈蚣、猫头鹰及其乌鸦又是那么相异;再如我们说什么是美色,人与鱼、鸟、麋鹿是何其不同!一般人能够说人的态度是决定性的,动物的感觉是可以忽略的,可是庄子不那么认为,他也要在人与动物之间寻求公正性。

至于说"至人",通过王倪的嘴巴,庄子说出了自己的判断,至人可以具有公正无私的认识,就因为至人能够超越利害关系;而常人的认识之所以不可靠,就因为常人不能超越利害关系。

原文参考

  齧缺问乎王倪曰:"子知物之所同是乎?"
  曰:"吾恶乎知之!"
  "子知子之所不知邪?"
  曰:"吾恶乎知之!"
  "然则物无知邪?"
  曰:"吾恶乎知之!虽然,尝试言之:庸讵知吾所谓知之非不知邪？庸讵知吾所谓不知之非知邪？且吾尝试问乎女：民湿寝则腰疾偏死，鳅然乎哉？木处则惴栗恂惧，猨猴然乎哉？三者孰知正处？民食刍豢，麋鹿食荐，蝍蛆甘带，鸱鸦耆鼠，四者孰知正味？猨猵狙以为雌，麋与鹿交，鳅与鱼游。毛嫱丽姬，人之所美也；鱼见之深入，鸟见之高飞，麋鹿见之决骤，四者孰知天下之正色哉？自我观之，仁义之端，是非之塗，樊然淆乱，吾恶能知其辩！"

啮缺曰："子不知利害，则至人固不知利害乎？"

王倪曰："至人神矣！大泽焚而不能热，河汉冱而不能寒，疾雷破山、飘风振海而不能惊。若然者，乘云气，骑日月，而游乎四海之外，死生无变于己，而况利害之端乎！"（《齐物论》）

以自己为老师

在《齐物论》里,庄子讲了大知与小知的区别:

"大知闲暇而宽裕,小知间隔而分别。大言迅猛盛烈,小言啰啰嗦嗦。"

这是说大知与小知在表现形态方面的差异,大知因为眼量宽,有见于大,无是无非,所以从容、淡定而豁畅;小知因为眼量窄,有见于小,是是非非,所以尖酸、忌刻而紧张。

小知又是如何形成的呢?庄子认为这是因为"随其成心"所致,他说:

"依自己的成见而为老师,那么谁没有老师呢?何必需要知道是非相更替的道理,而后内心自定取舍呢?那是愚痴的人也可以做到的事情。自己的成见都没有形成,就有了是非,那就如同今天到越国去,却说昨天就到了那里。这就叫作没有见识却自认为有了见识。没有见识而自以为有了见识,那么即便神明的大禹也不能了解他的见识是什么样的,对此我又有什么办法呢!"

"成见"(成心)是说人对事物的确有了一些见识,但人们以这种小见识来看待大世界,就陷于只肯定自己的见识、而否定别人的见识的荒唐境地。是是、非非就是这样形成的。如果自己连事理都没有想清楚,自己的见识都还没有形成,浑浑噩噩的,也要妄自发表意见,也想要说服别人,那就更难以捉摸了,如同今日到越国去,却说昨天就到了那里一样。俗语"以其昏昏,使其昭昭",类似这种情形。

原文参考

大知闲闲,小知间间。大言炎炎,小言詹詹。

……

夫随其成心而师之,谁独且无师乎?奚必知代而心自取者有之?愚者与有焉!未成乎心而有是非,是今日适越而昔至也。是以无有为有。无有为有,虽有神禹且不能知,吾独且奈何哉!(《齐物论》)

言说不是吹风

如今,我们有一个时尚的术语叫作"吹吹风",意思是某个重大决定要出台之前,先给当事人通报一下情况,让人们有个心理准备。可见"吹风"不是白费口舌的,而是有确定的内容要表达,只是不算正式而已。不知道这个时尚从何时兴起的,它的源头可能很早,至少在庄子那里就有了类似的说法,不过,意思略有不同而已。《齐物论》里,庄子表达了这样的意思:"言说不是吹风",他说:

"言说不是吹风,说话的人一定有言说的内容。然而,言说的内容又不是确定的。真的说了什么吗?或者什么也没说?有人以为言说不同于小鸟发出的声音,然而到底是有区别呢?还是没有区别?道被什么东西遮蔽了而有真伪?言被什么遮蔽了而有是非?道在哪个地方不存在?言说在哪些方面存在而不确定?道被小的成见所遮蔽,言说被花言巧语所遮蔽。所以,才有儒家与墨家的是是非非,肯定对方所否定的东西,而否定对方所肯定的东西。试图肯定对方所否定的东西而否定对方所肯定的东西,不如脱然于是非之外而明鉴之。"

言说总要表达一定的内容,它不能像风那样一吹而过,什么也没留下。可是,言说是如此的不确定,以至于我们怀疑自己说的,或者别人说的算不算言说了。因为你一说了什么,马上就有人否定你,反过来也一样,别人说的东西都被你否定了,所以,所有的言说与小鸟发出的叫声到底有没有区别? 看起来有区别,其实可能差不多。

接下来,庄子对"道"与一般人的"言说"做出追问,却又自己做了回答,道被成见(小见识)所遮蔽了,所以才会有真伪之分;言被花言巧语所遮蔽了,所以有是是非非。道无所不在,而言说没有真正可以确定的。是非之所以弄不清楚,在于是非的双方互相抵消了,只有在是非利害之外,用一面超越的明镜才能鉴察清楚。庄子说的那个"明"("莫若以明"),不是一般的明镜,而是"道"。

庄子继续对是非形成的过程做了分析,他说:

"事物没有不可以叫作彼,也没有不可以称为此。从彼的角度了解不到此,而从此的这一面则可以说了解自己。所以说,彼的那一面来自此,此的这一面又根源于彼。……彼也就是此,此也就是彼。从彼的角度可以产生是非,从此的角度也可以有是非,那么真的有彼和此的区别吗? 或者真的没有彼与此的区别吗? 使彼与此不能对立,就叫做'道枢'。道枢处在圆环的中间,可以应对无穷的变化。从肯定的这一面可以产生无穷的是非,从否定的那一面也可以产生无穷的是非,所以说,不如以明鉴之。"

由于事物都可以分为彼此两个方面,这两个方面任何一面都认为自己的见解是正确的,对方的见解是错误的,所以,无穷尽的是非就这么出现了。这就如同政治上的对手,凡是敌人反对的就拥护,凡是敌人拥护的就反对。而对待彼此的是非,只有以道作为中枢,超越是非双方,才可以弄清楚是非,也就是以不变应万变。

原文参考

夫言非吹也,言者有言。其所言者特未定也。果有言邪?其未尝有言邪?其以为异于鷇音,亦有辩乎?其无辩乎?道恶乎隐而有真伪?言恶乎隐而有是非?道恶乎往而不存?言恶乎存而不可?道隐于小成,言隐于荣华。故有儒墨之是非,以是其所非而非其所是。欲是其所非而非其所是,则莫若以明。(《齐物论》)

一生都在否定自己的人

《则阳》里讲述了一则故事,说卫国的大夫蘧伯玉一辈子都在否定自己:

"蘧伯玉已经六十岁了,在这六十年里,年年他都在变化,所有的事情在开始的时候他总认为自己是对的,最终又认定自己以前的认识都是错的,从而废除它。只是不知如今他以为对的、是否五十九岁时他认为错的。万物都有生成,只是没有人认识到它的根源;万物都有产生,只是没有人了解它们出自哪里。人都会尊崇自己的智识所能知道的,却没有人能够凭借智识所不知道的东西而后能够知,这难道不是人最大的疑惑吗?算了吧!算了吧!这都是世人无法避免的毛病。这里认为是这样的,就真的是这样的吗?"

蘧伯玉之所以年年在修正自己的观点,就因为他不断意识到自己原来的认识是错误的。就修正错误来说,他这么做无可厚非,问题是:谁知道他今天认为对的,是不是上次他认为错的?因为年年修正,到底以哪一个为准呢?说不定他修正来修正去的,最后又回到了原来的立场。这也就是《齐物论》里提到的"因是因非",昨天以为对,今天以为错,彼此没有个准。

蘧伯玉不异于常人,他的毛病也是常人的毛病。之所以如此,就因为人们都只追求事情的现象,而不追寻事情的源头与根本,就像跟着轮子转,而不知轮子所以转的根据在于轮子中间的枢纽。

就人本身来说,最大的毛病就是对自己那一点点的见识产生了崇敬的感觉,而不知道那是非常局限的小知小识。如果能够依靠自己所不知道的来达到知,这才是高明的。这个"知",也就是知道自己不知,也是《齐物论》里所说的"知止其所不知,至矣"。不过,常人能走到这一步吗?

原文参考

蘧伯玉行年六十而六十化,未尝不始于是之,而卒诎之以非也。未知今之所谓是之非五十九非也。万物有乎生而莫见其根,有乎出而莫见其门。人皆尊其知之所知,而莫知恃其知之所不知而后知,可不谓大疑乎!已乎!已乎!且无所逃。此所谓然与然乎?(《则阳》)

得鱼而忘荃

在《外物》篇中,庄子谈起了荃和鱼、蹄和兔的关系。荃是用来网鱼的渔具,蹄是用来套兔的猎具,所以,人设置荃是为了得鱼,设置蹄是为了得兔,这是从工具与目的之间的关系来说的。没有这些工具,就达不到网鱼、套兔的目的,在这个意义上,工具是决定性的,没有这些工具,什么目的都不可能实现。但庄子却说道:

"荃的目的在于鱼,得了鱼就要忘掉荃;蹄的目的在于兔,得了兔就要忘掉蹄。言说的目的在于表达意义,得了意义就要忘掉言。我在哪里能够得到忘言的人,而后可以与他言说呢!"

庄子的意思是:当你得到了鱼的时候,就应该将网鱼的工具忘掉;得了兔就应该将套兔的工具忘掉。这话于常理似乎不合,何以得鱼与兔就应该忘掉荃和蹄呢?其实庄子是借此讲一个道理,当你的荃网住了鱼的时候,你到底是去抓鱼呢,还是去抓荃;当你套住了兔的时候,你到底是去抓兔呢,还是去抓蹄,当然且仅当去抓鱼和兔,因为你的目的就是要得鱼与兔,这是目的与手段的区别,手段是为了实现目的的,所以,手段不能当作目的,当目的达到后,当然应该将手段撂在一边。历史上除了那种"姜太公钓鱼"的情形有别于此,所谓"愿者上钩",是说钓鱼的人意不在钓鱼,而是为了"钓人"。

庄子在此继续扩展:言说与意义的关系也是如此,言说本来是为了表达意义的,当意义显现的时候,言说应该停止了,如果意义显现的时候,或者说"呼之欲出"的时候,仍然言说不止,那就要损害意义了。在这个时候,显现出来的、觉悟出来的东西,总会比说出来的精彩。

庄子说到哪里得到忘言之人,而能够与他言说,是说渴望得到忘言之人,忘言之人即得意之人,故而,这无异于说,想找到得意之人,也就是得道之人,好与他说说话。

后来,魏晋时候的哲学家王弼进一步把庄子的这个命题发展成为"得象忘言,得意忘象",把忘言作为得象的条件,把忘象作为得意的条件,成为一代思想风尚。

原文参考

荃者所以在鱼,得鱼而忘荃;蹄者所以在兔,得兔而忘蹄;言者所以在意,得意而忘言。吾安得夫忘言之人而与之言哉!

(《外物》)

十一 以道为师

道有情信

"道"可能是现代人也再熟悉不过的词汇,由它衍生的词汇也不少,原本"道"是指道路,但自老子把它带进思想领域之后,它就成了我们生活的一部分,孔子两千年前说过的"朝闻道,夕死可矣",至今人们耳熟能详,在老子、孔子之后,庄子有了创造性的阐释,不过,至今还是没有人能够把它说清楚,我们来看看庄子是怎么说的:

"道有情信,却无为无形;可以传递、领会,但不可以手授,可得到但不能看见。它自己就是自己的本原和根源,还没有天地的时候,自古以来它就存在;它能够使鬼和天帝变成神灵,也能够生天生地;它在太极的上面,但对它来说也不算高;在六极的下面,也不算深;它在天地产生之前就存在了,但不算久;它比上古时代还要早,却不算老。上古时代的豨韦帝得到了它,可以掌握天地;①伏戏帝得到了它,可以与气母相合;②北斗得到了它,可以永远不出差错;日月得到了它,可以永世不停息;堪坏得到了它,可以入昆仑山而为神;③冯夷得到了它,可以游走山川;④肩吾得到了它,可以居于泰山;⑤黄帝得到了它,可以升登云天;⑥颛顼得到了它,可以稳居北方玄宫;⑦禺强得到了它,可以居住在北方;⑧西王母得到了它,可以坐于少广山,没有人知道她什么时候出生的,也没有人知道她究竟可以活多少年;⑨彭祖得到了它,向上可以到达舜的时代,向下可以延及春秋五霸时期;⑩傅说得到了它,可以辅佐武丁,奄然清泰,搭乘东维,骑着箕尾,而与列星相媲美。"⑪

通过庄子这段话,我们对"道"似乎有了一个明晰的印象,但庄子表达的方式是描述,而且是用一种不断靠近的方式,说它有情信,即表明它是真实的存在,到底它是什么样的存在,庄子不说了;"无为无形",是对它的表现方式与形态的描述,其他

---

① 豨韦,有文字出现以前的帝王。
② 伏戏,三皇,也写成伏牺。
③ 堪坏,昆仑上神。
④ 冯夷,河伯神。
⑤ 肩吾,泰山神。
⑥ 黄帝,轩辕,华夏民族的祖先,据说登仙而去。
⑦ 颛顼,黄帝之孙,也称玄帝。
⑧ 禺强,水神。
⑨ 西王母,女神仙,居住在西极山上。
⑩ 彭祖,帝颛顼之玄孙,得道者。
⑪ 傅说(音悦),殷朝时期的相国,死后其精神乘东维,托龙尾,列星宿。

文字则是对它的存在的因果关系、时空关系以及自然、社会的历史作用的描述。

  描述的方式当然没有下定义的方式准确有力，可是，描述也有它的长处，它是动态的表达，比下定义的静态的表达更近切，而且不容易失真；描述的东西给人的印象更具体、更生动，容易把握；还有一个最根本的原因是，这个对象用下定义的方式会是无效的，下定义的方式只会在"道"的面前陷于苍白，如同现代有人把"道"定义成"规律"，可是这个"道"岂是"规律"二字可以概括的？这也是庄子对"道"是什么样的存在不往下说的原因。

  庄子对"道"的描述可以说是自《老子》以来最为精彩的，他对"道"在各种情形下的表现做出了表达，无论是"道"自身的表现，它在大千世界的表现，还是人类社会的历史长河中它的作用，活脱脱地给人们呈现出来，如此，"道"不仅可以是安静的、平和的、深邃的，也是活泼的、情信的、应变的。

原文参考

  道有情有信，无为无形；可传而不可受，可得而不可见；自本自根，未有天地，自古以固存；神鬼神帝，生天生地；在太极之先而不为高，在六极之下而不为深，先天地生而不为久，长于上古而不为老。狶韦氏得之，以挈天地；伏戏氏得之，以袭气母；维斗得之，终古不忒；日月得之，终古不息；勘坏得之，以袭昆仑;冯夷得之,以游大川;肩吾得之,以处大山;黄帝得之,以登云天;颛顼得之,以处玄宫;禺强得之,立乎北极;西王母得之,坐乎少广,莫知其始,莫知其终;彭祖得之,上及有虞,下及五伯;傅说得之,以相武丁,奄有天下,乘东维,骑箕尾,而比于列星。(《大宗师》)

六合内外

在《齐物论》里,庄子叙述了道从整体无分的状态到具体有形、有界限的过程:

"道没有界域,而人们的言论没有定准,因此有了区分。让我们来说说这些界限和区分:有了左,有了右;有了次序,有了便宜;有了区分,有了辨别;有了竞争,有了争斗。这就叫做八种德性。六合之外的事情,圣人存疑而不去争论;六合之内的事情,圣人论述而不评议;春秋典章是记述先王治理天下的事情,圣人评议而不去争辩。"

道没有界域限定,所以它是普遍的、无限的;言论因为变化无常,所以没有定准。为什么由此而有了区分呢?言论尽管变化无常,总还是要表达特定意思的,所以言论还是区分的结果。庄子列举出的八种德性,都是互相对立和相互瓦解的,所以,这言论的区分结果,在庄子看来都是不好的。

六合是上下四方,也就是我们说的宇宙。庄子借圣人的态度表达了他自己的态度。六合之外属于天,圣人应当在人的智力所不能至的地方止步,所以"存疑而不争论";六合之内属于人,圣人置身其中,需要表明立场,所以"论述而不评议";春秋典章属于三皇五帝治理天下的,圣人可以置身事外,表明观点,但不与圣王理论,所以"评议而不争辩"。

既把区分、辨别看成是不好的东西,庄子下面就列举了两种相反的情形:

"有区分的,有不区分的;有辨别的,有不辨别的。这是为什么呢?圣人对此持怀抱而不分辨的态度,众人却偏要辨别清楚。好像是辨别清楚了,真正的道理反而看不见了。所以,大道是不可称谓,大辨反而不言论,大仁反而无所谓仁,大廉不讲逊让,大勇不害人。道要是昭显了就不是道,言辨清楚了必有所不达,仁爱有亲疏之常就不能周全,廉洁清明了却不能取信于人,勇敢而伤害了人则不能成功。以上这五个方面都是想得到'圆',却几乎都出现了'方'的结果。"

圣人为何要保持不辨不分的态度?就是因为"道"是圆成不分的,整体无差别的,那些辨别、区分,包括仁爱、廉洁、勇敢等等,看起来占了小道理,其实损了大道理,看起来抓住了真理的某些"碎片",其实不可能靠那些"碎片"拼凑出真理的轮廓。

原文参考

夫道未始有封,言未始有常,为是而有畛也。请言其畛:有左有右,有伦有义,有分有辩,有竞有争,此之谓八德。六合之外,圣人存而不论;六合之内,圣人论而不议;春秋经世先王之志,圣人议而不辩。

故分也者,有不分也;辩也者,有不辩也。曰:何也?圣人怀之,众人辩之以相示也。故曰:辩也者,有不见也。夫大道不称,大辩不言,大仁不仁,大廉不嗛,大勇不忮。道昭而不道,言辩而不及,仁常而不成,廉清而不信,勇忮而不成。五者圆而几向方矣!(《齐物论》)

道可以得吗

孔子与老子,这一对圣人在《庄子》一书里有多次的交往与对话,其中《天运》记述了孔子与老子一次问道的对话。

孔子一生都在追求道,在五十一岁这年他仍然没有得道,于是他向南游,到了"沛"这个地方,①求见老子。老子见了他,知道他的意图,便客气地说:

"您来了吗?我听说您是北方的贤达,您得道了么?"

孔子说:

"还没有啊!"

"您如何求道的呢?"老子又问。

"我从数术方面求,五年过去了,也没有得道。"

"那么您又如何求道呢?"老子再问。

"我从阴阳方面求,十二年过去了,还是没有得道。"孔子显

---

① 沛,如今江苏的沛县,老子或许当时到了这个地方。

得茫然。

老子这个时候不再问了,却说:

"这就是了,要是道可以奉献的话,那么人人都愿意把它奉献给君主了;要是道可以进献的话,人人都愿意把它进献给父母了;要是道可以告诉人的话,人人都愿意把它告诉自己的兄弟了;要是道可以送人的话,人人都愿意把它送给自己的子孙。然而,不可以的。没有其他的原因,只是因为内心要是没有主意,那么道也不会在内心停留,外面的事情也不能使自己端正,所以难以行得通。由内心出言行教,若对象不能接受,圣人也不肯传授;从外面传入的,若对象不能入主内心,圣人也不会让道在他的内心得到收藏。名誉,那是大多数人都想要的'公器',不可以要求太多;仁义,那是先王的客舍,只可以短暂地住上一宿,而不可以长久地停留,如果停留时间久了,就会有过责。"

老子的意思是,道不是一般的东西,它不是一个能奉献给君主的宝物,不是一个能进献给父母的礼品,不是一个可以说给兄弟的诀窍,也不是一个可以传给子孙的东西,道就是道,它不同于任何东西,却能使任何东西都变得美好。

传道者与求道者之间,必须内心与行为极其对路才可以传授,老子从两个方面说明了两者之间的关系:求道者如果内心没有主意,即便传道人向他传授了,道也不能在他的内心驻留下来,内心没有接受道,外面便没有什么可以端正他的行为;传道者是从内心传道的,对象不具备接受道的条件,不可以传授,即便传给他了,也不会让他收藏。

名誉是"公器",仁爱是"客舍",圣人可能会借助它们一下,但既不多取,也不久留。这是说道与世俗相反,求道者不可以通过"公器""客舍"来寻道,也不可以通过道来得到"公器"和"客舍"。

原文参考

孔子行年五十有一而不闻道,乃南之沛见老聃。老聃曰:"子来乎?吾闻子,北方之贤者也!子亦得道乎?"

孔子曰:"未得也。"

老子曰:"子恶乎求之哉?"

曰:"吾求之于度数,五年而未得也。"

老子曰:"子又恶乎求之哉?"

曰:"吾求之于阴阳,十有二年而未得也。"

老子曰:"然,使道而可献,则人莫不献之于其君;使道而可进,则人莫不进之于其亲;使道而可以告人,则人莫不告其兄弟;使道而可以与人,则人莫不与其子孙。然而不可者,无佗也,中无主而不止,外无正而不行。由中出者,不受于外,圣人不出;由外入者,无主于中,圣人不隐。名,公器也,不可多取。仁义,先王之蘧庐也,止可以一宿而不可久处。觏而多责。"(《天运》)

道在哪里

《知北游》记述了东郭子与庄子的一场对话。
东郭子向庄子请教：
"人们平常所说的'道'，在哪里啊？"
庄子回答：
"无所不在。"
"请说说在哪里？"东郭子想要庄子说得具体些。
庄子说：
"在蝼蚁那里。"
东郭子感到困惑，又问：
"为什么那么低下？"
庄子则不理会东郭子，继续说：
"在稊稗那里。"
"为什么更低下了？"
"在瓦甓那里。"

"为什么越来越低下了?"东郭子更不解了。

"在屎溺那里。"

东郭子不再问下去,干脆不吭声了。看到东郭子这样子,庄子这才回过头来对他说:

"先生刚才问道,没有问到实质。主管市场的官员'正获'向负责屠宰的吏卒问如何才知道猪的肥瘦,吏卒用脚踩了踩猪的腿就知道了,说什么'越是下部越知猪的肥瘦'。您只是不要说一定有某种东西是逃于道的。至道是这样的,至道之言也是这样的。周、遍、咸,这三者名称相异,其实相同,指的是同一个东西。"

东郭子问话的偏颇一开始就被庄子意识到了,所以,庄子的回答故意往低下的东西说,却不向王道、治道等高上的事情上说。庄子的回答当然也是东郭子没有想到的,东郭子在困惑,难道我们如此崇尚的道,竟然只存在于蝼蚁、稊稗、瓦甓、屎溺这些低下的事物上吗?在东郭子无话可说的时候,庄子这才指出东郭子的问题所在。道既是周延的、普遍的、圆成的,那还有某些东西能逃于道之外吗?换句话,道会嫌弃那些低下的东西而不顾吗?既然连屎溺都存在着道,那还有什么东西道不存在其中呢?

庄子也因此创造了一个对话的思想方法,把话往相反的方向说到极致,在对方无话可说的时候,这才方便地推出一个答案来。这个方法被后来的禅教宗师们用得便当,如云青青斑竹、郁郁黄花都有佛性，那还有什么无佛性的！

原文参考

东郭子问于庄子曰："所谓道，恶乎在？"

庄子曰："无所不在。"

东郭子曰："期而后可。"

庄子曰："在蝼蚁。"

曰："何其下邪？"

曰："在稊稗。"

曰："何其愈下邪？"

曰："在瓦甓。"

曰："何其愈甚邪？"

曰："在屎溺。"

东郭子不应。庄子曰："夫子之问也，固不及质。正获之问于监市履狶也，每下愈况。汝唯莫必，无乎逃物。至道若是，大言亦然。周遍咸三者，异名同实，其指一也。"（《知北游》）

道不当名

《知北游》里有一段泰清、无穷、无为、无始几个人问道的对话,饶有趣味。

泰清向无穷请教,说:

"您知道'道'吗?"

无穷回答:

"我不知道。"

没有得到答案,太清转而问无为知不知"道",无为回答:

"我知道'道'。"

"您既知道,那么道有数吗?"泰清再问。

"有数。"

"那数是什么样的啊?"

"我知道,道可以高贵,可以低贱,可以聚集,可以分散,这就是我所知道的'道'的数。"

听到了无为的这番话,泰清似乎还不满意,就把无为的话拿去再问无始：

"如果这样的话，那么无穷的'不知'与无为的'知'，哪个对，哪个错？"

无始则说道：

"不知道是深，知道是浅；不知道处于内，知道则处在外了。"

听了无始的这番话，泰清仰望着天空长长地叹了口气，说道：

"不知道才是知道么？知道却是不知道么？那么有谁知道不知之知呢？"

无始回答：

"道不可以听闻，听到了就不是道了；道不可以看见，看见了就不是道了；道不可以言说，言说了就不是道了。知道形状成为形状的是不显示为形状的道理吗？所以，道是不可以用名称来称谓它的。"

无始又继续说道：

"有人问道，而回答了问道的人，其实是不知道的，那么问道的人也终究不了解什么是道。道不可以问，要是有人问了，也不必要回应他。不可以问而勉强问，这是追求空；不该回应而勉强回应了，这是处在外。以'处在外'来对待'勉强问'，像这样的，对外不可能观见宇宙，向内不可能了解自己生命的原初，所以，这样的人的境界不可能超过昆仑山，不可能遨游太虚。"

"泰清"向三个人问了,而三人回答各不相同。"无穷"的回答其实是"我不知道","无为"的回答是"我知道","无始"的回答则是要对前面二人做出评价,所以,他既不说自己知道,也不说自己不知道,在知与不知之间,他阐述了一种超越前面二人的见解,那就是"不知之知"。

"无为"以为自己知道,甚而能够说出"道"的数度关系,然而,在"无始"看来,不过是"知道浅"。从"无为"所说的道的数度关系看来,他也的确知道一些道的内容的,只是他违背了道的根本原则,他回答了本不可回答的问题,说"我知道",而且他试图给"勉强问道"的人以明澈的回答,所以,"无始"说他知道浅。知道浅,那么他心地就不会高远,精神也不可能远游,只能囿于他所生活的圈子,如同"无为",却不了解"无不为"的道理。因为"无为"会被他所知道的东西所限定,越不过"昆仑山"。

"无始"如此讲,也是基于一个信念,那就是使形状成为形状的东西,一定不会显现为形状。如果它显现为形状,它就落入了"具体"的陷阱了。而它本是无限的,既不能用形状,也不能用名称来限定它,甚至"道"也只是它假借的一个称号而已。

原文参考

于是泰清问乎无穷曰:"子知道乎?"

无穷曰:"吾不知。"

又问乎无为,无为曰:"吾知道。"

曰："子之知道，亦有数乎？"

曰："有。"

曰："其数若何？"

无为曰："吾知道之可以贵，可以贱，可以约，可以散，此吾所以知道之数也。"

泰清以之言也问乎无始，曰："若是，则无穷之弗知与无为之知，孰是而孰非乎？"

无始曰："不知深矣，知之浅矣；弗知内矣，知之外矣。"

于是泰清印而叹曰："弗知乃知乎，知乃不知乎！孰知不知之知？"

无始曰："道不可闻，闻而非也；道不可见，见而非也；道不可言，言而非也！知形形之不形乎！道不当名。"

无始曰："有问道而应之者，不知道也；虽问道者，亦未闻道。道无问，问无应。无问问之，是问穷也；无应应之，是无内也。以无内待问穷，若是者，外不观乎宇宙，内不知乎大初。是以不过乎昆仑，不游乎太虚。"（《知北游》）

有其道未必有其服

《田子方》里有一段庄子与鲁哀公对话的寓言故事。①

有一天,庄子见到了鲁哀公。哀公想到庄子是道家,而鲁国人士多为儒家,就说:

"鲁国多儒士,很少有像先生这样追求道术的。"

庄子却说:

"鲁国少儒士。"

哀公完全不理解庄子的话,反问:

"整个鲁国都穿的是儒服,怎么说少儒士呢?"

"我听说了,儒者戴圆形帽子的人知道天时,穿着方屦的人知道地形,佩戴玉玦的人遇事能够决断。君子有其道的,未必就要打扮得像有道之人的样子。那些穿戴像个有道的人,却未必就知其道的。鲁公一定以为我说的不对,那么您何不在鲁国

---

① 庄子与鲁哀公不同时代,庄子当在魏惠王、齐威王同时,这里的寓言故事纯属虚构。

发布号令:'没有此道却穿戴有道之服饰的,其罪当死!'"

鲁哀公果然这么做了,五天之后,鲁国没有敢于穿戴儒服的人。唯独有一个勇敢的人,穿戴着儒服,站在了鲁哀公的大门前面。鲁哀公召他进来,以国家事务请教他,这人果然不同常人,谈起治国之术,他口若悬河,应变无穷。

看到这番情景,庄子才对鲁哀公说:

"全鲁国的人,算得上儒士的,也就这么一个人,能说多吗?"

对此,鲁哀公无话可说。

鲁哀公以为鲁国举国崇尚儒术,以儒服为时尚,儒者一定很多,所以,当他见到庄子的时候,就以为像庄子这样的道家人士在鲁国一定很孤独,遇不到同道之人。而庄子却揭穿了浮华,道出了实质,意思是别看鲁国人流行穿儒服,但真正的儒士是很少的。

庄子进而借题发挥,说有道的人与他的装扮是两回事:真正有道的人,通常你从他装扮的外表看不出来;而装扮得很像个有道者的人,反而不懂得道。

庄子给鲁哀公设计的那个方案,其实也可以说是个圈套,引诱鲁哀公往里面钻。鲁哀公本可以不往里钻,但是,他已经把"鲁国多儒士"的话说出来了,还能有别的选择么!再说,他多少也还对自己的话抱些许侥幸,只是事情的结果没有遵循他的侥幸而已,这才白白地遭到庄子的讥笑。

原文参考

庄子见鲁哀公,哀公曰:"鲁多儒士,少为先生方者。"

庄子曰:"鲁少儒。"

哀公曰:"举鲁国而儒服,何谓少乎?"

庄子曰:"周闻之:儒者冠圜冠者知天时,履句屦者知地形,缓佩玦者事至而断。君子有其道者,未必为其服也;为其服者,未必知其道也。公固以为不然,何不号于国中曰:'无此道而为此服者,其罪死!'"

于是哀公号之五日,而鲁国无敢儒服者。独有一丈夫儒服而立乎公门。公即召而问以国事,千转万变而不穷。

庄子曰:"以鲁国而儒者一人耳,可谓多乎?"(《田子方》)

十二 不可思议的事情

以己养养鸟

在《至乐》篇中,庄子讲述了子贡与孔子的一段对话。在这之前,颜回自西向东,去了齐国,为此,孔子显得忧心忡忡。子贡看出来了,就从席间退下来问孔子:

"小子我冒昧地问一下,颜回去了东面的齐国之后,老师为何显得忧心忡忡的?"

孔子回答:"你问得正好。过去管子说过一句我很欣赏的话,叫做'小小的衣囊不可以装大的东西,系水桶的短小绳索不能够从深井中汲水',这如同说事情都有其本性,不可以增添它,也不可以简省它。我担心颜回与齐侯谈论尧、舜与黄帝的道理,再加上燧人、神农的话,以此来要求齐侯。这样呀,那齐侯就会内求于己,却发现找不到根据,于是他就会陷入困惑,而困惑久了,就要死人了。你难道没有听说过海鸟的故事么?过去,有种海上的神鸟,它到了鲁国的城郊栖息。鲁侯极其欣喜,于是恭敬地将其迎接到国庙里,为它摆好了美酒,演奏'九韶'

这样隆重的乐舞,预备了'太牢'这样的盛大宴席,结果呢,那神鸟以眩惑的眼神看着这些,既忧且悲,不敢吃哪怕一小块肉,也不敢饮哪怕一小杯酒,三天过后就死了。这就是以养自己的方式来养鸟("以己养养鸟"),而不是以养鸟的方式来养鸟("以鸟养养鸟")。以养鸟的方式来养鸟,就应该让它在深林里栖息,在大地上游历,在江湖上漂浮,让它吃喜爱的泥鳅和鲦鱼之类的食物,它依随鸟的行列而止息,逶迤而处;它本来就厌恶人的嘈杂,又怎么会喜欢喧闹的声音呢?即便是美妙动听的咸池九韶的乐舞,当它在洞庭湖畔举行的时候,鸟儿听了会飞走,野兽听到也赶快离开,鱼儿听了马上会潜入深水,只有人听了才彼此环绕围观,流连难返。鱼处在水里会活,而人要是处在水里则必死,这就是人与鱼性情相异、好恶相反的缘故。"

借孔子与子贡的对话,庄子表达了这样的思想:

首先,每一物皆有自己的性情,有自己的生存环境。这一性情和生存环境不应受到外在力量的随意改变,就像衣囊本来是用来装衣物的,但如果给它塞多了会吃不消,又像系水桶的短绳索本来是用来打水的,但如果水井太深,它也够不着。人们做事情,想问题,都应该设身处地为对方着想,哪怕你是出于好意,如果不符合对方的性情和习惯,也会让对方感到不舒适、不自在,甚或出于好心而害了对方。

其次,庄子借此推出了一个"以己养养鸟"和"以鸟养养鸟"的问题,即以养自己的方式养鸟和以养鸟的方式养鸟的问题。

鲁侯应该是太重视海鸟的缘故,试图以最隆重的方式、最精美的酒和食物、最动听的乐舞来伺候这个神物,岂不知这海鸟全然不解其意,它既感到困惑,又厌烦人间的嘈杂与喧嚷,竟然在鲁国人的朝拜、簇拥声中死去了。它或许是饿死了,也可能是在困惑中烦死了。从鲁侯方面来说是好心好意,问题恰恰就是这好心好意扼杀了它。在这个意义上,我们常说的"己所不欲,勿施于人"这句话,尽管表达了人的善良意愿,但也还是有问题的,顺着这个思维,我们必然得出另一句话:"己之所欲,施之于人",但这也就如同庄子这里所说的"以己养养鸟"的问题了。应该反过来想想,我们自己愿意的,是否对方也愿意?

其三,庄子借养鸟的故事,其实还是为了说人。颜回试图教化齐侯,然而,他所奉行的尧、舜、黄帝,以及燧人、神农的那套理论,或许并不适合齐侯。依照庄子的思想,但凡要让人接受某种思想,必须要倾听者在内心引起共鸣,或者说需要倾听者提供接受它的土壤,使之在内心落地生根、发芽开花。如果没有这样的条件,如同种子播在石头上不会生根开花,那么这些理论会让倾听者感到困惑,而困惑久了会要了人的命。这里也隐含了这样的道理:凡事不必求之过高,恰当就好。要求能做好诸侯的齐侯做尧舜并不可行;同样的道理,将能教好小学的教师提至教中学,将适合当班长的提至连长,都未必是做了好事。

原文参考

颜渊东之齐,孔子有忧色。子贡下席而问曰:"小子敢问:回东之齐,夫子有忧色,何邪?"

孔子曰:"善哉汝问。昔者管子有言,丘甚善之,曰'褚小者不可以怀大,绠短者不可以汲深。'夫若是者,以为命有所成而形有所适也,夫不可损益。吾恐回与齐侯言尧、舜、黄帝之道,而重以燧人、神农之言。彼将内求于己而不得,不得则惑,人惑则死。

且女独不闻邪?昔者海鸟止于鲁郊,鲁侯御而觞之于庙,奏九韶以为乐,具太牢以为膳。鸟乃眩视忧悲,不敢食一脔,不敢饮一杯,三日而死。此以己养养鸟也,非以鸟养养鸟也。夫以鸟养养鸟者,宜栖之深林,游之坛陆,浮之江湖,食之鳅鲦,随行列而止,委蛇而处。彼唯人言之恶闻,奚以夫譊譊为乎!咸池九韶之乐,张之洞庭之野,鸟闻之而飞,兽闻之而走,鱼闻之而下入,人卒闻之,相与还而观之。鱼处水而生,人处水而死,彼必相与异,其好恶故异也。故先圣不一其能,不同其事。名止于实,义设于适,是之谓条达而福持。(《至乐》)

智者守拙

在《达生》篇中,庄子说起如何养斗鸡的故事。

有个名叫纪渻子的人,为周宣王养斗鸡。十天过去了,宣王问道:

"鸡养好了吗?"

纪渻子回答:

"还没有?目前它内在空虚,却凭着意气神态以自傲。"

又过了十日,宣王又问起鸡的状况。纪渻子回答道:

"还没有。如今它闻声响应,见影随行。"

又过了十天,宣王又问起,纪渻子回应:

"还不行,它现在眼神里充满了憎恨,一副意气强盛的样子。"

又过了十天,宣王再一次问起斗鸡的状况,纪渻子回答说:

"差不多了。虽然有鸡叫鸣,而它听之不闻,不动声色,像个呆滞的木鸡一样,可见它的品德已经完备了。别的鸡看到了它,没有敢于应战的,都掉头逃走了。"

第一次被问起斗鸡是否养好的时候,纪渻子说它"还没有",由于它看起来一副骄矜自傲的样子,其实只是凭着意气,而内心本来空虚,并没有斗武的底气;第二次问起的时候,则说它反应过于灵敏,如声响应,如影随行,内心好斗;第三次问起的时候,又说它的样子太凶猛了,说明它具备了斗武的本领,但杀气外露,也不行;第四次问起的时候,纪渻子说它呆若木鸡,这才"差不多了",因为它既有斗武的工夫,也会内敛、收藏了,具备了涵养的品德。

斗鸡为何见到了这个呆鸡都不敢与之打斗呢?就因为外表上的呆滞,可能意味着内藏超绝的本领。别的鸡不知深浅,所以望而生畏了,不战而屈人之兵。柳宗元《黔之驴》的故事脍炙人口,说的是类似的事情,因为驴太容易发作了,那几个踢腿的招数暴露无遗,所以才很快被窥伺的老虎下手解决了它。

这事也可以放开去说,人也是如此,真正的勇士不好斗武,好发怒的人也并不令人敬畏,孔子的弟子曾评价他们的老师是"威而不猛",就是说孔子威严而不好发怒,反过来说,好发怒的人就不太可能威严。

中国有玩斗鸡的传统,只是这项游戏被正统观念视为玩物丧志,不过,游戏终究是游戏,它并不必背负道德的责任,如果不耽误正事,只是出于闲情逸致亦无不可。殊不知,合理地玩乃是人的本性,连艺术本身都是玩出来的。

原文参考

纪渻子为王养斗鸡。十日而问:"鸡已乎?"

曰:"未也,方虚憍而恃气。"

十日又问,曰:"未也,犹应向景。"

十日又问,曰:"未也,犹疾视而盛气。"

十日又问,曰:"几矣,鸡虽有鸣者,已无变矣,望之似木鸡矣,其德全矣。异鸡无敢应者,反走矣。"(《达生》)

善于射箭的人

在《田子方》中,列御寇与伯昏无人有一段对话,谈起何种人才可以称为善于射箭的人。这一天,列御寇为他的老师伯昏无人演示一下自己最擅长的射箭技艺,只见他拉得一个满弓,拉弓的肘上再放一杯水,然后弦发箭往,直接命中目标,与靶心完全重合;第二箭射出去,又与第一箭射中的靶心重合。拉弓射箭的过程中,列子全神贯注,纹丝不动,全然像个木头人似的。看了列子的射箭过程,伯昏无人却评论说:

"这是为了射箭而射箭,而不是不为射箭而射箭。你尝试与我一起登上高山,踩在危石上,面临百丈深渊,看你还能不能射箭?"

于是,伯昏无人与列子一起登上了高山,踩上危石,面临百丈深渊,背着深渊向后移步,脚跟二分空悬在外,他让列子走过来,此时的列子匍匐在地,吓得冷汗流到了脚跟,……伯昏无人说道:

"至人啊,上可以窥视青天,下可以深潜黄泉,又可以纵横驰骋八方,而他的神气临危不变。而你呢,已经恐惧到了神色不定的地步,还想射中目标恐怕就难了!"

伯昏无人所说的"为了射箭而射箭",意思是为了射靶而射箭,即以射中靶标为目的的射箭,如同为了打靶而射击一样;他所说的"不为射箭而射箭",则是指不是为了射中靶标的射箭。前者是有特定意图的、形式化的"射",后者是没有特定意图的、实战化的"射"。有意图的、形式化的"射",尽管能够射中,却不能算是善射之人;没有意图的、实战化的"射",而能射中,才算是善射之人,因为他在任何情况下,尤其是危险的情况下还能射中。

伯昏无人通过登高临危的举动,向列子表明,要想成为一个善射之人,不仅需要能够射中的技艺,更需要临危不惧的意志,战胜恐惧,在极端的环境下也能够射中,即是人们常说的"需要一颗强大心脏"。

原文参考

列御寇为伯昏无人射,引之盈贯,措杯水其肘上,发之,适矢复沓,方矢复寓。当是时,犹象人也。伯昏无人曰:"是射之射,非不射之射也。尝与汝登高山,履危石,临百仞之渊,若能射乎?"

于是无人遂登高山,履危石,临百仞之渊,背逡巡,足二分垂在外,揖御寇而进之。御寇伏地,汗流至踵。

伯昏无人曰:"夫至人者,上窥青天,下潜黄泉,挥斥八极,神气不变。今汝怵然有恂目之志,尔于中也殆矣夫!"(《田子方》)

以巧色骄人的猴子

《徐无鬼》篇里，庄子谈起了一只猴子巧色取人的事情。

有一天，吴王带着些人沿江漂游，在一座被称为猴山的地方下了船。众多的猴子见了吴王，皆很惊惧，纷纷然逃进荆棘丛中躲了起来。却有一只猴子不肯逃走，它有意在吴王面前表现从容的姿态，还玩弄起手上敏捷的技巧。吴王见此状，拿出箭来向猴射去，那猴则敏捷地接住了射来的箭。吴王于是命令随从的人用一阵乱箭射向猴子，那猴子抱树而死了。

之后，吴王对身边的颜不疑说：

"这猴儿，在我面前炫耀自己的巧色，显示自己的敏捷，借此傲慢于我，所以至于死地。以此为戒吧！哎呀，不要用巧色炫耀于人啦！"

听了这话，颜不疑回去后，拜有道之人董梧为师，除却其美色声乐，回归自然，三年之后，国人上下称道之。

这猴子究竟是要取悦于吴王呢，还是欲以自己的巧色与技艺傲慢吴王呢？从猴子的本意来说，它很可能只是示好、取悦，可吴王不这么认为，认为它是炫耀、傲慢，最终它遭了一顿乱箭。而从吴王接下来借题发挥、警示身边人的话，表明吴王还是有些头脑的。在猴来说是炫耀巧色与敏捷，在人来说则是巧言令色，吴王不接受那些在他面前巧言令色的人。所以，身边的人颜不疑马上领会了吴王的警示，抛却了美色声乐，纯朴为人做事，最终得到人们的赞赏。

庄子于此也是要表达这个意思，在《天地》篇中，他说过："孝子不谀其亲，忠臣不谄其君。"反过来说，在父母面前故意说好听的话，就不是孝子；在君主面前说过分赞扬的话，就不是忠臣。孔子讲过："巧言令色，鲜矣仁。"(《论语·学而》)也是说，巧言令色是不仁义的行为。

问题是，人总是喜欢听好听的话，做国君的人也总是喜欢巧言令色的人，而那些爱说好听话的人、巧言令色的人，其实只是在攻击人的弱点。在这个意义上，献媚与巧言，其实是在考验当事人，看你辨不辨得清楚，也就是老子所说的："信言不美，美言不信。"而对于旁观者说来，则是人在做，人在看（不必说"天在看"），谁不知道献媚与巧言的人是何意思呢？

原文参考

　　吴王浮于江，登乎狙之山，众狙见之，恂然弃而走，逃于深蓁。有一狙焉，委蛇攫搔，见巧乎王。王射之，敏给搏捷矢。王命相者趋射之，狙执死。

　　王顾谓其友颜不疑曰："之狙也，伐其巧、恃其便以敖予，以至此殛也。戒之哉！嗟乎！无以汝色骄人哉？"颜不疑归而师董梧，以锄其色，去乐辞显，三年而国人称之。（《徐无鬼》）

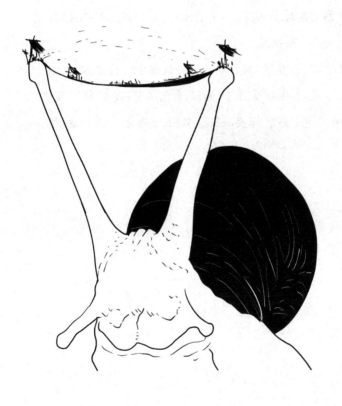

蜗牛角上的触、蛮之战

《则阳》篇谈到了一件不可思议的事情:蜗牛角上的触氏与蛮氏的战争。春秋时期,魏莹(魏国国君)与齐威王盟约,然而齐威王背弃了盟约,这让魏莹非常恼怒,要派人去刺杀他。魏国有个公孙衍的"犀首"(官名),知道这个事情后觉得这是不大光彩的事情,便献言道:

"大王为万乘之君,却派个匹夫去行刺报仇,请大王给臣兵甲二十万,让臣为大王攻击齐国,掳掠他的百姓,牵走他的牛马,使他们的国君心火烧到背部,然后我们攻陷他的国家,使其亡国,迫使他们逃离,我们再抽打他们的背,折断他们的脊骨。"

然而,季子听了之后深以为羞耻,站出来说:

"构筑了十仞之城,这城好不容易有了十仞之高,却又毁坏它,这就太苦了筑城的囚徒们了。如今不兴战事已经七年了,这正是大王王业的根基啊。衍是个乱人,不可听他的。"

华子知道了这事,觉得这事丑陋,说道:

"巧言讨伐齐国的是乱人,巧言不要讨伐齐国的也是乱人,而巧言讨伐与不讨伐齐国而扰乱人的,还是乱人。"

"那究竟该怎么办呢?"魏王听了华子的话之后说。

"大王只要求道就行了。"

魏王不一定能够听懂这话的意思,但在魏国做官的惠子听懂了,于是他把戴晋人请进了宫。这个戴晋人见到魏王之后,说道:

"有一种东西叫蜗牛,大王知道吗?"

"知道。"吴王回应道。

"有一个国家居住在蜗牛的左角,称为'触氏',另一个国家居住在蜗牛的右角上,称为'蛮氏'。这两国经常为了争夺地盘而打仗,陈尸数万,追逐败北的敌人十五天,然后才返回。"

"嗨,这话恐怕不真实吧?"吴王显然不相信有这样的事情。

"那么请让臣为您讲述它的真实吧。大王思量一下,上下四方有穷尽没有?"

"没有穷尽。"

"当您心智遨游于无穷尽的时候,您再反过来想想,车马所能到达的那个通达的地方,是不是若存若亡了呢?"

"是的。"

"通达的地方,有魏国,魏国中又有梁(魏国都城),梁中有君王,那么,君王与那个蜗牛角中的蛮氏有分别么?"戴晋人继续说道。

"没有分别。"魏王想了想,回答道。

说完这话,戴晋人头也不回地走了。客人走后,魏王反复地思量那番话,开始恍惚起来,感觉到自己若有所失。客人走后,惠子进来了。魏王对惠子说:

"这客人是大人啊,圣人也不足以与他相比。"

惠子回答道:

"吹一个竹管,会发出'嗃'的声音;吹一把剑首的圆孔,会发出'吷'的声音。尧舜,是人所称颂的,但在戴晋人面前谈论尧舜,就好像发出'吷'的声音一样。"

季子说衍是个乱人,因为他巧言讨伐来解决两国君主之间的恩怨;华子说巧言不要讨伐的季子也是乱人,因为他并没有解决这两国之间存在的矛盾;还说巧言讨伐与不讨伐而扰乱人的也是乱人,是说这类人虽然并不一定真的主张讨伐或反对讨伐,而是以扰乱君主做出正确判断为目的。故而,华子的主张是超越恩怨,追求至道。

戴晋人给魏王说蜗牛左右角上触、蛮两国交战的事,魏王不能理解,毕竟那是不可思议的事情,然而,当戴晋人诱使魏王"心有天游",游于无穷极的宇宙时,从天上朝下看,那么魏国与齐国则显得那么渺小,恰如蜗牛角上的触氏与蛮氏,魏王这才恍然惊醒。这也是庄子的一种论辩艺术:"小大之辩"。从大处着眼,什么事都变得渺小了,也就没有放不下来的事情。

当魏王称赞戴晋人远超圣人的时候,惠子则以"吷"的声音强调:相比于戴晋人,尧舜都不值一提了,因为戴晋人的境界太高了。

原文参考

魏莹与田侯牟约,田侯牟背之,魏莹怒,将使人刺之。犀首公孙衍闻而耻之,曰:

"君为万乘之君也,而以匹夫从仇。衍请受甲二十万,为君攻之,虏其人民,系其牛马,使其君内热发于背,然后拔其国。忌也出走,然后抶其背,折其脊。"

季子闻而耻之,曰:"筑十仞之城,城者既十仞矣,则又坏之,此胥靡之所苦也。今兵不起七年矣,此王之基也。衍乱人,不可听也。"

华子闻而丑之,曰:"善言伐齐者,乱人也;善言勿伐者,亦乱人也;谓伐之与不伐乱人也者,又乱人也。"

君曰:"然则若何?"

曰:"君求其道而已矣。"

惠子闻之而见戴晋人。戴晋人曰:"有所谓蜗者,君知之乎?"

曰:"然。"

"有国于蜗之左角者,曰触氏;有国于蜗之右角者,曰蛮氏。时相与争地而战,伏尸数万,逐北旬有五日而后反。"

君曰:"噫!其虚言与?"

曰:"臣请为君实之。君以意在四方上下有穷乎?"

君曰:"无穷。"

曰:"知游心于无穷,而反在通达之国,若存若亡乎?"

君曰:"然。"

曰:"通达之中有魏,于魏中有梁,于梁中有王,王与蛮氏有辩乎?"

君曰:"无辩。"

客出而君惝然若有亡也。客出,惠子见。君曰:"客,大人也,圣人不足以当之。"

惠子曰:"夫吹筦也,犹有嗃也;吹剑首者,吷而已矣。尧舜,人之所誉也。道尧舜于戴晋人之前,譬犹一吷也。"
(《则阳》)

孔子舍于蚁丘之浆

孔子带着子路等一行人到楚国去,路上,他们在被称为"蚁丘"的地方、一个卖水浆的客舍住了下来。大概是孔子的门徒甚多,声势不小,引来了诸多人的关注,此时有邻舍的夫妻男女登上了自家的楼顶,观看孔子一行人的到来。子路问老师:

"这些人都集聚到屋顶上做什么?"

孔子回答说:

"这都是圣人的奴仆。他们怀抱道德,却自我埋藏姓名身份于民间,隐居在田间垄畔,他们销除了自己的声名,但志趣高远;虽然他们嘴上也说一些应付世俗的话,然而说这些话的时候,他们的内心寂然不动,这恰好表明他们与世俗相违逆,而内心不屑于与世俗相同。这就像是居住在陆地,却无水而沉("陆沉")。这恐怕就是那个市南宜僚吧?"

子路请求把市南宜僚找来。孔子则说:

"算了吧!他知道我孔丘是了解他的,也清楚我孔丘将要去楚国,认为孔丘必定会向楚王举荐而召见自己。他尚且认为我是取巧之人,像他这样的,听到取巧之人说话,都会以此为羞,何况见到本人呢?你何必去问他还在不在?"

子路还是不太相信,于是就去找市南宜僚,结果那家人早就走了,只剩下了一个空房。

市南宜僚这个人在孔子与子路的对话中出现了,但在整个对话的场景——蚁丘之浆,却没有出场,出场的只是他的家人,然而,就是这个没有出场的人物,却成了这个故事的主题。在"方舟与虚船"的故事中(《山木》),这个市南宜僚是作为故事的叙述人出现的,他劝鲁哀公去掉自己身上那身皮(王位),从此走得远远的,就不再会有烦恼事了。在《徐无鬼》篇中,也出现过市南宜僚,他当时在楚王接待孔子的酒会上,"受酒而祭",并请求孔子在酒会上发表高见,而孔子则称赞市南宜僚是"弄丸而两家之难解"①,这都是寓言故事,人物的出现并不受历史事件的局限,不过,无论在哪个场合出现,市南宜僚都是一位心地辽远而富有智慧的人。

"圣人之仆",指的是那些只服务于德性可称为圣人的人,正因为如此,他们追求自己的德性修养,而不会在意世俗社会

---

① 楚国白公胜欲作乱,要杀令尹子西。司马子綦告诉他,熊宜僚(居城南,故称市南宜僚)是勇士,如得到他,可敌五百人,于是白公胜派人劝他,宜僚正在玩弄皮球("弄丸"),不与使者说话,使者以剑架在宜僚的脖子上,宜僚并不畏惧,既不从命,也不言语。白公胜得不到宜僚,作乱之事也不成,所以说"两家之难解"。

的人如何看他们,身份被隐藏了,穿着很平常,却有着不同常人的志向,所谓"被褐怀玉"。从孔子预知市南宜僚将会避免会见自己的事情,也说明庄子笔下的孔子是很了解市南宜僚这个人的。

在这里,通过孔子的嘴说出了庄子要说的"居住于陆地,却无水而沉——陆沉",本来地位是显要的,自己却无水而沉,把自己隐藏起来,不与世俗争高低、论长短。而且,他们也不是隐藏在山深之处,而是隐藏在平常百姓间,即无人能识的世俗社会,当有人认出他们,就是他们离开的时候了。

原文参考

孔子之楚,舍于蚁丘之浆。其邻有夫妻臣妾登极者,子路曰:"是稷稷何为者邪?"

仲尼曰:"是圣人仆也。是自埋于民,自藏于畔。其声销,其志无穷,其口虽言,其心未尝言。方且与世违而心不屑与之俱。是陆沉者也,是其市南宜僚邪?"

子路请往召之。孔子曰:"已矣!彼知丘之著于己也,知丘之适楚也,以丘为必使楚王之召己也。彼且以丘为佞人也。夫若然者,其于佞人也羞闻其言,而况亲见其身乎!而何以为存!"

子路往视之,其室虚矣。(《则阳》)

卫灵公之为灵

《则阳》篇中，讲述了孔子与三位史官讨论卫国国君灵公的事情。① 孔子问太史大弢、伯常骞、狶韦：

"卫灵公整天沉溺饮酒寻欢，不理朝政，又纵情野外打猎，不理会国家的外交事务，那么他之所以被称为灵公，原因是什么？"

"灵公被称为灵公的原因也就在于此。"大弢回答。

伯常骞说：

"卫灵公有三个妻子，三人与灵公在同一个浴盆里洗澡，此时史䲡手捧着帛币等御用东西进来了，卫灵公叫人赶紧接下史䲡手上的东西，恭敬地搀扶他。他的生活放荡到那个地步，见

---

① 《论语·卫灵公》中，多次记述孔子与卫灵公的交往，卫灵公向孔子问起军事，孔子说自己只懂得礼仪之事（"俎豆之事"）："卫灵公问陈于孔子。孔子对曰：'俎豆之事，则尝闻之矣；军旅之事，未之学也。'明日遂行。"在《庄子》书中，也多次论及卫灵公，如《人间世》："颜阖将傅卫灵公大子，而问于蘧伯玉曰。"《德充符》："闉跂支离无脤说卫灵公，灵公说之，而视全人：其脰肩肩。"《天运》："故伐树于宋，削迹于卫，穷于商周。"

了贤人却还如此肃敬,这就是他被称为灵公的原因了。"①

猻韦又说了一个事情:

"灵公死了,请人占卜,结果是,把他葬在生前挖好的墓地,不吉利;把他葬在一个沙丘的地方,则是吉利。于是在沙丘的地方往下挖了几丈深,见到了一个石椁,经过清洗,发现上面有刻写的铭文,说:'子孙不足以依靠,被卫灵公夺了进去。'卫灵公之称为灵公啊,由来已久了!这哪是大弢与伯常骞二人能够理解的。"

孔子一问,引来三个人的不同回答,三人的回答还都靠谱,却渐次步入玄奥。

"孔子的问"就颇有意思,这么一个不理内外朝政的君主,怎么可以称为"灵公"?这也就是问卫灵公"灵"在哪里。大弢的回答有趣,这正是他被称为灵公的缘由,意思是如此败国败德的君主,却可以被人们称为灵公,就灵在这里了。

伯常骞的回答似乎揭示了卫灵公不为人知的秘密,他的生活如此堕落,但见到贤明的人还能如此恭敬,还会礼贤下士。这表明卫灵公善于应变,对待不同的人有不同的面相,个人生活的那一面不是常人能够看得到的,常人看得到的可能还都是

---

① 史鳅,春秋时卫国大夫,曾数次劝卫灵公召蘧伯玉为卿,灵公不听。史鳅死前叮嘱家人不要"治丧正室",等卫灵公来吊丧,以示"尸谏",最终卫灵公采纳了史鳅的建议。孔子评价道:"直哉史鱼!邦有道,如矢;邦无道,如矢。君子哉蘧伯玉!邦有道,则仕;邦无道,则可卷而怀之。"(《论语·卫灵公》)

光鲜的那一面,故而还能眩惑许多人,甚或博得赞美。这也说明卫灵公的确是很灵。现实中不排除这样的情形:一个好贤良的人,并不表明他自己是贤良的人,好养贤士却听不进贤士的话,好德性但自己从来不修德,如同好藏书,却不读书一样。

狶韦的回答有点不可思议了。这个卫灵公死了,为他备好的墓地不去,还要挤占别人的地方,抢个好地方葬身,更神奇的是,那个被强占了墓地的人竟然预先知道卫灵公将要挤占他的墓地,而且他也知道自己的子孙无法守住,这才有"子孙不足以依靠"的怨言。卫灵公这个灵,远超人们想象,自然不是大弢和伯常骞可以理解的了。

原文参考

仲尼问于大史大弢、伯常骞、狶韦曰:"夫卫灵公饮酒湛乐,不听国家之政;田猎毕弋,不应诸侯之际,其所以为灵公者何邪?"

大弢曰:"是因是也。"

伯常骞曰:"夫灵公有妻三人,同滥而浴。史䲡奉御而进所,搏币而扶翼。其慢若彼之甚也,见贤人若此其肃也,是其所以为灵公也。"

狶韦曰:"夫灵公也死,卜葬于故墓不吉;卜葬于沙丘而吉。掘之数仞,得石椁焉,洗而视之,有铭焉,曰:'不冯其子,灵公夺而里之。'夫灵公之为灵也久矣!之二人何足以识之。"

(《则阳》)

鱼不畏网而畏鹈鹕

《外物》篇论述了宋元君占梦的一则故事。宋元君在半夜梦见有个人披头散发地在旁门偷窥自己,并对自己说话:

"我从宰路之渊来,我为了清江的使命去见河伯,有个叫余且的打渔人捉住了我。"

宋元君梦醒了之后就请人占这个梦,占梦人说这是个神龟。宋元君问左右的人:

"打渔的人当中有没有叫余且的人?"

"有这个人。"左右的人回答。

"命令余且到朝廷里来。"宋元君下令。

第二天,余且到朝廷里来了。宋元君问:

"你打渔得到了什么?"

"回大王,余且网到了一个白色的龟,有方圆五尺大小。"

"把你网得的龟献上来吧!"宋元君又对余且命令道。

等到这龟献上来之后,宋元君先是想杀了它,后来又想让它活下来,他犹豫起来。于是,再请人占卜,结果是:杀龟是吉祥的。宋元君令人把那龟刳杀了。用这个龟壳钻了七十二次作为占算的筴,每一筴都很灵验。孔子知道了这件事,发表了评论:

"神龟能够给宋元君托梦,但不能规避余且的网;其智慧能够应七十二占卜而无不灵验,却不能逃避被刳肠的灾祸。如此看来,这神龟再聪明也有陷入穷困的时候,再神灵也有达不到的地方。虽然有极致的聪明,但难防万人的谋算。鱼不畏网而畏鹈鹕。除去小智慧,才会有大智慧,除去自己标榜的善,才会有真正的自善。婴儿出生了,无须大师教,他自会说话,原因就在于他与会说话的人相处。"

从这个寓言故事看来,这个神龟的确是神通了,然而,仍然不能避祸。孔子的评论点出了要害,你再神通,你既不能规避渔网之祸,也没能逃避刳肠之难,这说明什么问题呢?聪明也有穷困的时候,神通也有所不致,个人的聪明难敌众人的算计。原因在于个人的聪明、神通能够避一时一事之害,能避所有的害么?或者说,如果有人想害你,你可能避得过,如果所有的人都想要害你,如何避得过!说到底,这些聪明与神通,还是小聪明、小神通,而要获得大智慧、大神通,就需要放弃小聪明、小神通,只有求道、得道而得大智慧、大神通。为何除去自我标榜的善,才有真正的自善呢?自我标榜的善,不是真正的善,当某人还在标榜自己的时候,就说明他不是真正的善,"自善"的前提就是去我,去不了我,就谈不上"自善"。这也如《庄子·山木》所说的"行贤而去自贤之行"。

"鱼不畏网而畏鹈鹕",这是一个警句。它告诫人们一个事实:鱼儿知道从鹈鹕的追杀中逃命,却不知道自投了渔网。自投渔网是出于自愿,也是无知。鱼儿的故事其实说的是人的问题,人知道规避眼前的危险,却不会规避未知的危险,尤其是不会从根本上除害。

原文参考

宋元君夜半而梦人被发窥阿门,曰:"予自宰路之渊,予为清江使河伯之所,渔者余且得予。"

元君觉,使人占之,曰:"此神龟也。"

君曰:"渔者有余且乎?"

左右曰:"有。"

君曰:"令余且会朝。"

明日,余且朝。君曰:"渔何得?"

对曰:"且之网得白龟焉,其圆五尺。"

君曰:"献若之龟。"

龟至,君再欲杀之,再欲活之。心疑,卜之。曰:"杀龟以卜,吉。"

乃刳龟以卜,七十二钻而无遗筴。

仲尼曰:"神龟能见梦于元君,而不能避余且之网;知能七十二钻而无遗筴,不能避刳肠之患。如是则知有所困,神有所不及也。虽有至知,万人谋之。鱼不畏网而畏鹈鹕。去小知而大知明,去善而自善矣。婴儿生无硕师而能言,与能言者处也。"(《外物》)

拒绝封赏的屠夫

《让王》篇谈起楚国有个屠夫拒绝楚王封赏的事情。楚昭王因为吴国攻打了楚国,而被赶出了楚国,众多的人开始逃难,其中有个叫屠羊说(音悦)的人。大概是名字叫说,干的活是屠羊,所以人称"屠羊说"。等到事态平息,楚昭王才返回楚国,可能他觉得跟随他出逃就是继续拥戴他吧,所以他开始封赏那些跟随他出逃的人,在封赏的名单中就有屠羊说。然而,这个屠羊说却拒绝封赏,他说:

"大王失了国,我也失了屠羊的活计;现在大王返回了国,我也重新操起了旧活计,这也就如同恢复了我的爵禄,又有什么值得封赏的呢?"

楚王觉得有失颜面,就下令强行封赏他。屠羊说又回复道:

"大王失了国,不是臣的过错,所以,臣不敢担当被诛杀的罪责;大王返回了国,也不是臣的功劳,所以不敢接受这样的封赏。"

楚王觉得难以理解,遂下令:

"你们把他带来我见见!"

屠羊说见了楚王就说:

"依照楚国的法律,必须有重大的功劳要奖赏,才可以晋见大王。如今臣从智慧方面说不足以保存楚国,从勇敢方面说又不足以抵挡敌寇。吴军进入楚国,我只是畏惧国难而躲避敌寇,并不是有意跟随大王的。现在大王打算废弃法律、破坏规约而接见我,这不应该是臣由此而闻名天下的理由。"

楚王为屠羊说的陈述所说服,他对司马子綦吩咐:

"屠羊说虽然位处卑贱,而他的说理境界很高,先生为我将他提升三旌之位。"①

屠羊说却又回复道:

"三旌之位,我知道远贵于屠羊之肆;万锺的俸禄,我知道远富于屠羊之利。② 然而,我怎么可以贪图爵禄而使我的君主落下妄加施恩之名呢?我屠羊说不敢接受,只愿意返回我的屠羊之肆。"

最终,屠羊说没有接受楚昭王的封赏。

从屠羊之肆看来,如果这是一个官方的屠宰机构,负责人

---

① "三旌之位",有说三旌为三公之位;司马彪写本为"三珪",珪为卿位的人所执,故三珪当为三卿。

② 锺,计量单位,六斛四斗为一锺。"万锺",这里指俸禄的级别。

也应当是很低级别的官员,而当屠羊说被连擢数级、提升至卿大夫的时候,他却不感恩,再三地拒绝了楚王的好意,这个行为足以表现出他的思想境界。

楚王也算是知恩图报,在他落魄的时候,有人愿意与他同患难,他知道度过患难之后报答,于此来说,他算是能够共患难,也能共享乐了,在君主制度下,这算是有德性的君主,至少比"长颈鸟喙"的越王勾践好多了,那是只能与其共患难,不能与其共享乐的人。[①] 至于楚王是否施恩过重,则是另一个问题了。

从屠羊说所陈述的道理看来,此人不慕富贵爵禄,甘为卑微,可知他是个知足的人,所谓"知止之美"。而他拒绝赏赐,也表现了他的明大义、识大体,不愿接受过重的赏赐而破坏了国家的法制与制度,当然,是否他的行为有着远离权力中心以避害的动机,则只有他自己知道了。

原文参考

楚昭王失国,屠羊说走而从于昭王。昭王反国,将赏从者。及屠羊说。屠羊说曰:"大王失国,说失屠羊。大王反国,说亦反屠羊。臣之爵禄已复矣,又何赏之有。"

---

① 《史记·越王勾践世家》记述了范蠡对文种的规劝:"蜚鸟尽,良弓藏;狡兔死,走狗烹。越王为人长颈鸟喙,可与共患难,不可与共乐。子何不去?"

王曰:"强之。"

屠羊说曰:"大王失国,非臣之罪,故不敢伏其诛;大王反国,非臣之功,故不敢当其赏。"

王曰:"见之。"

屠羊说曰:"楚国之法,必有重赏大功而后得见。今臣之知不足以存国,而勇不足以死寇。吴军入郢,说畏难而避寇,非故随大王也。今大王欲废法毁约而见说,此非臣之所以闻于天下也。"

王谓司马子綦曰:"屠羊说居处卑贱而陈义甚高,子其为我延之以三旌之位。"

屠羊说曰:"夫三旌之位,吾知其贵于屠羊之肆也;万锺之禄,吾知其富于屠羊之利也。然岂可以贪爵禄而使吾君有妄施之名乎?说不敢当,愿复反吾屠羊之肆。"遂不受也。

(《让王》)